Dez 2004

Nara e An

Somos eternos
nossos filhos.
mas somente agoa é que
pude perceber que os valores
mais básicos transmitidos por
nossos pais são transmitidos
quase que instintivamente
para nossos filhos.
As vezes observando-os, temos a
impressão que em algum
momento, eles fazem algum
gesto que nossos pais faziam
sem ninguém ter ensinado.
eles são nossas sementes para
o mundo, assim como somos
a semente de nossos pais.
Que tenhamos a rigidez e a fle-
xibilidade necessária, que o arco
requer para lançar nossos filhos
como flexas rumo ao infinito com
todo o entusiasmo e amor a
Humanidade, como nossos
pais assim o fizeram conosco.
Esperamos que este livro possa
lhes ajudar na tarefa de educar
o Matheus.

Sandro, Édna e Isabella

Içami Tiba

Quem Ama, Educa!

Editora Gente

Editora Rosely M. Boschini
Assistente Editorial Rosângela Barbosa
Capa Túlio Fagim
Preparação Elvira Gago
Maria Cecília Caropreso
Revisão Maria Alayde Carvalho
Tânia Roiphe
Projeto Gráfico e
Editoração Eletrônica Macquete Gráfica

Dados Internacionais de Catalogação na Publicação (CIP)
(Câmara Brasileira do Livro, SP, Brasil)

Tiba, Içami
  Quem ama, educa! / Içami Tiba – São Paulo : Editora Gente, 2002.

  Bibliografia.
  ISBN: 85-7312-382-6

  1. Crianças – Criação 2. Educação – Finalidades
e objetivos 3. Educação de crianças 4. Família
5. Felicidade em crianças 6. Pais e filhos I. Título.

02-5735   CDD-649.1

Índices para catálogo sistemático:

1. Pais e filhos : Educação familiar 649.1

Todos os direitos desta
edição são reservados à Editora Gente.
Rua Pedro Soares de Almeida, 114, São Paulo, SP
CEP 05029-030, Telefax (11) 3675-2505
Endereço na Internet: http://www.editoragente.com.br
E-mail: gente@editoragente.com.br

Felicidade*

Os pais podem dar alegria e satisfação para um filho,
mas não há como lhe dar felicidade.
Os pais podem aliviar sofrimentos enchendo-o de presentes,
mas não há como lhe comprar felicidade.
Os pais podem ser muito bem-sucedidos e felizes,
mas não há como lhe emprestar felicidade.

Mas os pais podem aos filhos
Dar muito amor, carinho, respeito,
Ensinar tolerância, solidariedade e cidadania,
Exigir reciprocidade, disciplina e religiosidade,
Reforçar a ética e a preservação da Terra.

Pois é de tudo isso que se compõe a auto-estima.
É sobre a auto-estima que repousa a alma,
E é nesta paz que reside a felicidade.

IÇAMI TIBA

* A tradução deste ideograma é "Felicidade".

Grata apresentação de NATÉRCIA TIBA aos leitores

Apresento-a como co-autora deste livro. Ela insiste em ser colaboradora.

Co-autora porque Natércia introduziu preciosos temas sobre os quais eu não teria condições teórico-prático-vivenciais de escrever. Colaboradora porque ela acha que sua participação foi pequena. Pura modéstia, pois o que ela produziu tem uma qualidade ímpar que compensa qualquer quantidade. Mas essa é uma saudável dialética que não terminaria nunca, pois é entre duas pessoas que se conhecem muito bem... É um relacionamento de mútuo respeito, admiração, carinho e reconhecimento do valor pessoal, familiar e profissional.

Então que assim seja: *Natércia participa como colaboradora*... Mas para mim ela continua co-autora.

Com excelente base escolar, ela se graduou psicóloga com especialização em psicodrama sob os caprichados e competentes olhares de verdadeiros mestres nessa arte, além das profundas incursões teóricas em várias fontes, e se lançou nos campos terapêuticos para ajudar seus pacientes (casais grávidos, crianças/adolescentes e respectivos pais) a superar suas barreiras, resolver seus conflitos, ampliar suas vidas para o mundo do qual fazem parte e integrar-se com as pessoas que lhes são caras.

Como uma especialidade dentro de outra, Natércia focalizou seus interesses em gestantes (marido e mulher), formando grupos de orientação e preparo para a futura pater/maternidade, sem descuidar de continuar aprendendo com as próprias crianças. Nessas áreas sua contribuição foi fundamental para este livro. Como co-autora, ela deveria assinar textos de vários capítulos, entre os quais destaco: homem grávido; pai integrado; amamentação e seus segredos; rotina das mamadas; sono do bebê; respeito ao bebê; hora da papinha; tudo vai para o chão; crianças hiperativas; babás/avós/creche; e escola (escolha, parte que lhe cabe, parceria com os pais). Natércia também sugeriu acréscimos importantes em todo o livro, com tantas contribuições valiosas que seria praticamente impossível destacá-las. Muitas perguntas da parte final do livro foram por ela respondidas, principalmente as que se referem a crianças e bebês. Por mim, ela deveria assinar também os outros capítulos...

Como pessoa, participei ativamente do seu crescimento, com alegrias e satisfações, pois chateações praticamente não existiram. Parece-me incrível que aquela criancinha que nascia do meu amor pela mãe dela, até hoje minha amada Maria Natércia, crescesse, amadurecesse, casasse com um genro maravilhoso e nos desse um superneto inteligente, charmoso, amoroso, já tão seguro de si que desmonta qualquer vovô, principalmente um "babão" como eu. Este é o extraordinário Eduardo, que, com seus nove meses dentro do casal grávido e já há dez meses triangulando o casal, muito me ensinou, repassando qual um professor particular as aulas mal aproveitadas com meus próprios filhos...

Eu gostaria muito que o sentimento de gratidão tivesse palavras próprias que expressassem tudo o que sinto pela Natércia Martins Tiba Machado, mas aqui lhe vai, do fundo do meu coração, o meu MUITÍSSIMO OBRIGADO, MINHA FILHA!

Içami Tiba

Sumário

Parte 4
Perguntas e respostas

Prefácio

No começo de outubro de 2002, o mundo ficou chocado com uma cena de televisão vinda dos Estados Unidos e retransmitida por todos os noticiários: no estacionamento de um supermercado, uma mãe entrava no carro, empurrava aos sopapos a filha pequena, continuava a socá-la no banco de trás, depois se agachava no banco e continuava a bater, a sacudir e a estapear a menina, sempre batendo e batendo mais. E o mundo só viu os sapatinhos brancos no banco, sacudidos pela dor e pelo choro.

Com essa passagem, tento dar uma idéia das histórias que Içami e Natércia, com base em sua experiência, reproduzem neste livro e depois aprofundam, levando todos nós a pensar no que, afinal, está acontecendo ou a concluir, em alguns casos, o que poderia, ou deveria, acontecer.

Choca ver na TV uma mãe bater num filho ou uma babá flagrada num vídeo surrando uma criança.

O que mudou? Até há poucos anos, criança podia apanhar. Significava educar. Em casa, mães e pais davam tabefes no traseiro, no rosto, na cabeça, nas costas ou onde pudessem acertar. Tudo em nome do "educar". Valiam palmadas, cintadas, chineladas, sapatadas, mordidas, puxões de orelha e de cabelo. Na escola, valia a vara, a palmatória com as calças arriadas, ajoelhar sobre milho e pescoções de vigilantes professores e diretores responsáveis. Quando uma criança se queixava, a mãe ou o pai dizia que era porque merecera apanhar. E por acaso os pais amavam menos os filhos do que hoje?

Já havia a TV, e se ela exibisse na cozinha um cinto pendurado, para quando fosse necessário usar, não chocava ninguém. Os filmes mostravam com candura alunos sendo açoitados na escola, e isso não indignava ninguém. As vinhetas e historietas breves de Içami e Natércia causam alarme ou pelo menos alguma reação negativa ou de revolta. Por quê? Algo mudou? Mudou.

A grande transformação cultural da humanidade é marcada pela aquisição do poder da mulher. Poder para controlar a prole.

A partir dos anos 70 do século XX, a cultura do filho único se propagou, e filho passou a ser considerado uma nova espécie de riqueza. Não mais, como em todos os séculos anteriores da humanidade, abastança produtiva para a família, como ocorria nas proles numerosas que nasciam e morriam em grande número, mas uma riqueza instintual, idealizada para garantir a conservação da espécie, e espiritual, como realização humana.

Nos países escandinavos, nos Países Baixos, no norte da Alemanha por opção, na China por lei, chegamos a novas gerações nas quais não existem mais irmãos, primos, tios e muito menos padrinhos. Na nossa cultura na América, o planejamento é para dois filhos. Na Dinamarca ou na China, onde sempre foi tradicional bater muito nos filhos, quando por lá viajamos nos informaram que fatos como esse se tornaram históricos. Como castigar um filho único?

As crianças passaram a ter proteção do Estado e uma superproteção na família.

Içami e Natércia mostram como o processo educacional ficou distorcido e como os pais, vivendo o conflito contemporâneo dessas mudanças, juntamente com as experiências tradicionais pelas quais eles passaram, tendem, sem novos fundamentos, a confundir que basta amar, desvirtuando, assim, a proposição de que amar é educar. Inspirados nos mestres com quem todos aprendemos, os autores ampliaram os conhecimentos para a convivência familiar, escolar e social dos dias atuais.

Com Spitz, falam de depressão anaclítica por abandono do bebê, e ampliam sua obra de 1946, *O não e o sim*, que considera o "não" como organizador da personalidade, apontando para o excesso de "sim" e ilustrando: para haver "sim" precisa haver antes o "não". Com Bettelheim, que em sua obra de 1987, *Uma vida para seu filho*, ensina como basta os pais serem suficientemente bons, apontam para a irracionalidade de mãe ou pai não conseguir se construir como pai ou mãe suficiente. Com Brazelton, que desde sua obra de 1969, *Bebês e mamães*, vem ensinando a importância das duas figuras parentais para o bom desenvolvimento dos filhos, os autores abarcam a amplitude atual para pais separados, em famílias que não acabam, mas se transformam. Com Beck, criador da terapia cognitiva, que em sua obra de 1988, *O amor nunca é suficiente*, ensina os fundamentos do bom relacionamento, os autores mostram que amor não é posse, que ele se estende para a educação.

Com amor os filhos podem ser bem-criados, ou melhor, eles se criam se os pais não atrapalharem. No amor um filho se cria sozinho, mas por mais que seja amado ele não se educa sozinho.

Para acompanhar esta obra ilustrativa e prática de Içami e Natércia, recomendo ao leitor ter em mente as proposições subjacentes e várias vezes reiteradas sobre "Integração Relacional". No primeiro capítulo, falam de saudável Integração Relacional e nos demais descrevem o desajustamento relacional e a doença relacional, além de relatar a intoxicação relacional do adolescente no grupo. No último capítulo, repetem as cinco regras para alcançar a educação integral: parar, ouvir, olhar, pensar, agir.

E, para completar, um último lembrete: quero estender também aos filhos as recomendações aqui feitas para os pais.

São Paulo, 12 de outubro de 2002

HAIM GRÜNSPUN
Médico-psiquiatra, psicólogo da infância
e da adolescência, professor de
Psicopatologia Infantil da PUC-SP.

Introdução

Este livro é um diagnóstico de como estamos hoje e de como podemos melhorar para que nossos filhos se tornem pessoas éticas, felizes, autônomas e competentes recebendo uma educação integrada. Está baseado na Teoria Integração Relacional, criada pelo autor. Essa teoria, que tem como diferencial incluir na saúde mental a disciplina, a gratidão, a religiosidade, a cidadania e a ética, será tema do oitavo e último livro da Coleção Integração Relacional.

O livro está dividido em quatro partes. Cada vez que assinalamos problemas, buscamos seu entendimento e sugerimos resoluções. A titulação das partes, capítulos e itens é intencionalmente muito expressiva, para facilitar a compreensão do leitor. Para localização do tema, usamos três números: o primeiro é a parte, o segundo o capítulo e o terceiro é o item. Quando há somente dois números, referem-se à parte e ao item.

Na Parte 1, fazemos uma leitura do nosso cotidiano, evidenciando as diferenças entre ser mãe e ser pai e enfatizando as diferenças entre **ser mulher e ser homem** (1-1-2). A mãe atual tenta compensar sua **culpa** (1-1-4) exagerando nos cuidados aos filhos, enquanto o pai acaba se **omitindo** (1-1-5). As conseqüências da atual **educação permissiva** encontram-se no Capítulo 2, que aborda os **"parafusos de geléia"** (1-2-1), filhos que se desfazem sob qualquer aperto da vida. As **garotas** também estão dando muito trabalho (1-2-4).

Içami Tiba

"Felicidade não depende do que nos falta, mas do bom uso que fazemos do que temos" (Thomas Hardy, escritor inglês). Todos os pais querem que seus filhos sejam felizes. **Felicidade** não se dá, muito menos se compra (1-4-1/2/3/4). Aprende-se a ser feliz. Devido à importância da **auto-estima** como base fundamental da felicidade, ela está presente em vários capítulos do livro (1-2-2; 2-2-12; 2-5-13; 2-6-4; 3-9 e 4-25). A **felicidade** e seus vários níveis mereceram um capítulo especial, o 4.

Quem grita perde a razão e quem perde a cabeça (razão) fica um animal. Para melhor compreensão dos **comportamentos humanos**, é ótima a leitura do Capítulo 3. Classificamos os comportamentos em três estilos: vegetal, animal e humano. Exemplos práticos em 1-3-4 e 1-3-5.

A **religiosidade** (1-5-7), gente gostar de gente, é a força do amor, que deveria ser maior que a da religião. Fanáticos podem matar e destruir em nome de seu Deus, mas em qualquer lugar deste planeta o amor sempre constrói, não importa se infante, adolescente, adulto, senescente ou senil. O **senescente,** ou da terceira idade, não se aposenta para ajudar a sustentar os netos (1-5-5).

Na Parte 2, com base em nossos estudos e na experiência clínica como psicoterapeutas, pretendemos ajudar os pais no preparo dos filhos para o mundo que estamos lhes deixando e sugerimos o que tem tido comprovada eficiência: **caminhos para uma nova educação**.

A educação exige maior participação do **homem grávido** (2-1-1) e do **pai integrado** (2-1-2), para começar bem o importantíssimo **primeiro ano do bebê** (Capítulo 2). A maior queixa dos pais, **filhos não nascem com manual**, mereceu todo o Capítulo 3. Também mereceram atenção situações críticas como: **chegada do irmão** (2-4-1), **hiperatividade** (2-4-4; 4-8/9), **birras** (2-4-6; 4-16), **bagunças** (2-4-9) e **pequenas delinqüências** (2-4-11).

Não há como prescindir da **ajuda de terceiros** num mundo em que mãe e pai trabalham fora, por isso abrimos itens especiais para **babás** (2-5-1), **avós** (2-5-4/5) e **creches** (2-5-3).

A **escola** (2-5-7) é essencial para a educação infantil desde a mais tenra idade, portanto sua **boa escolha** (2-5-9), o **preparo da mochila** (2-5-10) e as **lições de casa** (2-5-13) são fundamentais, porque **estudo é obrigatório** (2-5-12).

O eterno amor vale enquanto dura, portanto não haveria como deixar de lado os **pais separados** e as conseqüências da separação nas mais diversas situações (2-6-1/2/3/5), assim como seus **benefícios** (2-6-8/9), quando se adentra no universo dos **ex-cônjuges** (2-6-7), com seus **novos relacionamentos** (2-7-1/2) ou mesmo quando levam a vida **sozinhos** (2-7-3/4).

Abordamos ainda a carinhosa atenção que os pais devem ter para não exagerar nos cuidados com os **filhos adotivos** (2-7-5/6) nem ser surpreendidos por **filhos DNA** (2-7-8).

Com um mundo em transformação tão célere, torna-se indispensável que os pais a cada dia enfrentem novos desafios para a **educação pós-moderna**. Aqui entram a **geração zap** (2-8-1), as **precocidades comportamentais** (2-8-2) e **sexuais** (2-8-3), **mesadas e vales** (2-8-4/5), **videogames** (2-8-7), os **predadores da selva de pedra** (2-8-13) e a inevitável **prevenção às drogas** (2-8-14). Numa época de tantas perdas, a educação **desperdiça "nãos"** (2-8-10).

Na Parte 3, atendemos a um pedido freqüente tanto dos pais como da imprensa leiga e especializada: um **Pequeno ma-**

nual de mãe & pai para a educação dos pimpolhos, subdividido em nove itens, que incluem temas como **auto-estima** (3-9), **ética** (3-8) e **cidadania** (3-7).

Na Parte 4 deste livro, como fazemos em nossas palestras, em que a parte final é dedicada a responder perguntas do público, **respondemos às perguntas** mais freqüentes que os pais nos têm feito. Uma aplicação prática do que há no livro. Para facilitar a leitura, já no sumário sintetizamos as perguntas, destacando sua área de interesse.

...e os filhos são como navios (2-8-12)

A maior segurança para os navios pode estar no porto, mas eles foram construídos para singrar os mares. Por maior segurança, sentimento de preservação e de manutenção que possam sentir junto dos pais, os filhos nasceram para singrar os mares da vida, onde vão encontrar aventuras e riscos, terras, culturas e pessoas diferentes. Para lá levarão seus conhecimentos e de lá trarão novidades e outros costumes, ou, se gostarem dali, poderão permanecer, porque levam dentro de si um pouco dos pais e de seu país. Quem sabe daqui a algum tempo seus pais por lá poderão também passear... pois, com certeza, quando já com filhos, vão querer um dia rever seus pais.

Mas antes de os filhos singrarem mares, em casa, ainda pequeninos, eles se parecem com carros de **Fórmula 1** (2-3-2), que correm voltas e voltas atrás de seus interesses, mas de repente fazem um *pit-stop* com os pais. Momento sagrado para um **atendimento integral** (1-2-3 e 2-3-1) e para que desenvolvam segurança interna e autonomia para poder depois dar voltas cada vez maiores até entrarem nos navios...

Uma das principais provisões, além das materiais, para se levar nessas viagens está no interior de cada um: a capacidade de ser feliz. Não existe felicidade pronta, como uma riqueza guardada por piratas em algum **esconderijo** (1-4-4). A felicidade está nos passos de uma conquista, no caminhar de uma busca. Se os pais não podem seguir os mesmos passos dos filhos, tampouco os filhos devem repousar nas conquistas dos pais. Os filhos partem de onde os pais chegaram para novas descobertas e aventuras. Os filhos superam os pais. Assim caminha a civilização!

Dessa forma, a personalidade saudável é um bom alicerce para a capacitação profissional, que reverte ao social, em excelência de **qualidade de vida** (2-8-4). É a pessoa que qualifica a profissão, e não o contrário. A educação é um grande catalisador na absorção da **cultura** (2-5-12), e nem tanto o inverso.

Por tudo isso, o velho dito popular "quem ama, cuida!" tem de ser aposentado para dar lugar ao novo

QUEM AMA, EDUCA!

PARTE 1

EDUCAÇÃO: COMO VIVE A FAMÍLIA HOJE?

Capítulo 1

Mãe & pai: duas faces da mesma moeda

POR QUE NÃO "PAIS" NO LUGAR DE "MÃE E PAI"?

Para destacar a importância da figura materna na família. Não é justo nos referirmos ao casal como "pais", porque a mãe então desaparece. Quando a escola convoca os pais, quem mais atende são as mães, e quando mães são chamadas nenhum pai comparece à reunião... O pai é sempre mencionado e reverenciado. Merece os louros da família. Mas, na maioria das vezes, os filhos ainda são responsabilidade da mulher, mesmo que ela trabalhe fora e sua participação no orçamento familiar seja maior que a masculina. Ainda sobrevive a cultura de que a última palavra é a do pai. É ele quem manda.

A mulher saiu para o mercado de trabalho sem deixar, contudo, de ser mãe. E nem por isso os homens se tornaram mais pais. Só recentemente alguns começaram a participar mais da educação dos filhos. Pude notar que a presença de pais em minhas palestras triplicou nos últimos cinco anos. Figuras femininas compõem o restante, principalmente mães. A presença masculina é bem maior quando os filhos são pequeninos ou estão às vésperas do vestibular. Entre essas duas etapas, a presença dos pais é quase nula.

A maioria dos livros de educação frisa demais a importância da figura materna nessa área, e esse talvez seja um dos componentes que perpetuam a indevida sobrecarga da mulher e aliviam a da figura masculina. Pois eu dirijo este livro a mães e pais.

Já que usar apenas o termo "pais" é injusto, poderíamos chamar o casal de "mães"? Também não. "Mães" significa duas ou mais mulheres com filhos. E talvez passe aos homens uma visão pejorativa de que este livro é "coisa de mulher".

Numa reunião de pais de alunos, o pai comparece muito menos que a mãe e numa reunião de mães o pai nem chega perto!

As palavras denunciam esse mecanismo masculino/feminino na educação dos filhos. Chego a essa conclusão ao observar o interesse por meus livros. Quando o título traz a idéia generalizada de família — *Seja feliz, meu filho!* ou *Disciplina: o limite na medida certa* —, a mãe sente um impulso irresistível de comprar. O *Abaixo a irritação!* ela quer levar para dar ao marido. Já os homens preferem *O executivo & sua família*.

Então, "pais" deveria significar dois ou mais homens que têm filhos. Mas não é o que ocorre no português e também no espanhol, no qual se usa *padres* para designar o casal *padre/madre*.

Outras línguas têm termos exclusivos para se referir a casais com filhos. O inglês diz *parents* para o casal *father/mother*. O japonês chama de *rioshim* o casal *otosan/okasan*.

Não quero corrigir nosso vernáculo, mas considero inapropriado unir dois seres tão diferentes como pai e mãe sob o nome de um deles, seja "pais", seja "mães". Continuo ressaltando que a palavra "pai" ainda precede "mãe".

Nenhum dos dois está totalmente certo ou errado. Tampouco um é melhor que outro. São apenas diferentes.

E essas diferenças ampliam as possibilidades educativas, trazendo retornos relacionais mais ricos. Quanto maiores elas forem, mais distintos serão os comportamentos dos filhos em relação ao pai e à mãe para a mesma situação.

São diferenças que se complementam, pois, sem um pai, a mulher não pode ser mãe. O homem, sem uma mulher, não conseguirá ser pai. A criança é fruto da associação do homem com a mulher. Ou da mulher com o homem? Não se trata nem de discutir quem é o mais importante, já que os dois são essencialmente necessários para se ter um filho. A herança genética está nos cromossomos. Mas desde o nascimento a criança absorve o modo de viver, o "como somos", da família. Assim, ela aprende naturalmente com as pessoas que a cercam, sem se interessar pelo vernáculo. E no futuro transmitirá tal aprendizado a seus filhos, perpetuando comportamentos através das gerações.

Flashes capturados do cotidiano das famílias mostram que o mundo mudou, mas nem tanto assim.

Vôo das 6 horas da manhã para São Paulo. *Eu voltava de uma palestra, quando comecei a observar um garotinho de 3 anos do outro lado do corredor. A mãe estava próxima dele e carregava uma criança de colo.*

O menino mexia nos botões acima da sua cabeça, punha os pés no assento, não parava quieto. De repente, ele me descobriu e ficou olhando para mim. Comecei a fazer mímicas com a sobrancelha. Mexia ora a direita, ora a esquerda. Tentando me imitar, ele passou a fazer caretas.

Ao perceber que seu filho me olhava, a mãe o puxou e o fez sentar. Era como se dissesse claramente: "Não dê bola para estranhos". Segundos depois, o garoto já estava de pé no assento outra vez, mexendo de novo em todos os botões.

Um homem de terno e gravata que estava sentado no banco de trás, estudando relatórios, disse então em voz forte, que mais parecia um grunhido: "Fica quieto, menino, senão o bicho vem te comer". Até eu, do outro lado do corredor, tomei um susto.

Em seguida, escutei a mãe do menino dizendo: "Fica quieto, menino, você viu o que seu pai falou".

Eu também fiquei quieto e comecei a imaginar que na realidade o bicho era o próprio pai.

Fiquei pensando naquela família. Por que estava num avião tão cedo? Esse é um horário em geral preferido pelos executivos, para que o dia renda mais. A maioria dos passageiros viajava sozinha. A mãe era a única mulher a bordo, fora as comissárias. Estava claro que o horário havia sido determinado pelo homem, que deve ter sido gentil ao decidir trazer a família consigo. Quem cuidava das crianças era a mulher. Coisas da vida moderna!

Seria muito melhor para a mulher ter ficado em casa com as crianças. Mas ela acompanhou o marido. Os homens vão onde existe a possibilidade de ganho. E, se têm uma família, levam a mulher e os filhos para o local onde trabalham.

Era um homem jovem, aparentemente trabalhando bastante e em processo de ascensão profissional, com filhos pequenos numa fase em que precisam de muita atenção. Mas o trabalho justificava a ausência dele. Talvez trabalhasse tanto por querer dar uma condição de vida melhor para a família.

A mãe, também jovem, poderia ter uma formação universitária, ser independente, também trabalhar fora, mas ela estava ali inteiramente dedicada à família, atendendo a criança de colo e o garotinho. Cuidando para que não conversassem com estranhos. E ainda se colocando na extensão da ordem do pai.

Final de festa junina. Enquanto eu comia um churrasquinho, fiquei observando uma mulher com três crianças, uma no colo, um menino maiorzinho, de uns 6 anos, encostado nela, e *um que parecia ter 13 anos, inquieto, chutando o chão. Ela carregava uma sacolinha. Os quatro estavam parados, esperando alguém. Mudei de campo visual. E o que observei? Um homem bem-apessoado conversava com outro. Tinha um bigode muito bem-cuidado, virado para cima, e fumava um cigarro com elegância. Seu sapato de couro brilhava tanto naquele final de festa junina que me chamou a atenção.*

Não me ocorreu juntar as duas cenas: o homem estava a uma distância de cinco metros da mulher e das crianças.

O outro homem se despediu. Sozinho, o do bigode deu uma última tragada, jogou o cigarro no chão e elegantemente pisou nele para apagá-lo. Mas percebeu que o movimento havia lançado uma poeirinha sobre o sapato. Imediatamente limpou o calçado esfregando o pé na calça, na altura da barriga da perna. Olhou mais uma vez para o sapato e mostrou satisfação ao vê-lo reluzente.

Virou-se para a mulher a cinco metros dele e disse em voz alta: "Vamos!" E já foi andando em direção à saída.

Para minha surpresa, a mulher seguiu atrás dele, carregando a sacolinha e a criança no colo, o menino pendurado na saia e o púbere mal-humorado caminhando a seu lado. Nem o garoto mais velho foi com o pai.

Fico conjeturando, maquinando, filosofando sobre esses acontecimentos flagrados no dia-a-dia das famílias. E convido você a fazer o mesmo. Observe as pessoas nas festas, praças de alimentação de shopping centers, parques, igrejas. Avalie como pais, mães e filhos se comportam. E use essas informações para analisar sua própria família.

No exemplo acima: será que pai e mãe tiveram o mesmo divertimento?

MÃE É MUITO DIFERENTE DE PAI

Existem diferenças enormes e fundamentais entre ser mãe e ser pai, muito maiores do que simplesmente ser mulher e ser homem.

A maioria dos comportamentos sociais que distinguem o homem da mulher não foram inventados. Eles têm bases biopsicossocioantropológicas distintas dentro de uma mesma espécie. O ser humano socializou, educou e sofisticou seus instintos animais de sobrevivência e perpetuação da espécie.

Assim como os demais mamíferos, o humano masculino é fisicamente mais forte, porém menos elástico que o feminino. Quem engravida é o feminino, com essencial ajuda masculina. Contudo, somente o feminino amamenta os filhotes.

Essas e outras distinções decorrem de diferenças anatômicas, sobretudo da maior ou menor presença e ação de hormônios sexuais: estrogênio e progesterona nas mulheres, testosterona nos homens.

O masculino pode ser alterado pelo hormônio feminino, e vice-versa, sem jamais chegar à transformação anatômica total.

Da mesma forma, o pai ou a mãe nunca se transforma biologicamente no progenitor do sexo oposto.

Em circunstâncias especiais, podem até exercer funções relacionais ou sociais semelhantes. Mas ainda assim serão diferentes entre si.

Logo, por mais eficiente que um dos pais seja, ele não pode suprir completamente a ausência do outro.

A seguir, apresento algumas das diferenças comportamentais masculino-femininas:

■ A mulher fala o que pensa ou vai pensando enquanto fala. Seguramente, ela consegue pensar, escutar e falar ao mesmo tempo. O homem, por sua vez, não fala enquanto pensa ou geralmente só fala depois que pensou. Uma ação de cada vez. Portanto, pensar, falar e escutar ao mesmo tempo para o homem? Nem pensar...

■ Ao jantar em um restaurante, a mulher repara nos talheres, na toalha de mesa, nos enfeites, nas unhas do garçom, no ambiente, nas pessoas, nas roupas e jóias "daquela mulher", na decoração, na estética e no sabor da comida, sempre preocupada com o teor calórico da sobremesa. O homem repara no barulho, na demora para servir, no tamanho das porções, na educação do garçom e, fatalmente, no preço pago.

■ Numa refeição em casa, se o filho não quer comer, "que não coma", pensa o pai. A mãe logo se dispõe a encher o estômago dele de qualquer jeito: "Você quer que eu prepare aquele sanduíche que você adora?"

■ Quando o filho apanha de um colega, o pai se irrita e briga com ele, quando não chega a agredi-lo, para que aprenda a se defender na rua. A mãe também fica furiosa e quer dar uns tapas... mas em quem agrediu seu filhinho.

> Pais perdem os filhos em shoppings, praias, festas juninas. Mães não desgrudam os olhos de seus pimpolhos.

■ Enfim, na família, o pai tem dois filhos, enquanto a mãe tem três: o filho "temporão" é o marido!

Um estudo realizado recentemente por T. Canli e equipe na Universidade de Stanford, na Califórnia, Estados Unidos, revelou que as mulheres memorizam de forma diferente even-

tos de forte conteúdo emocional. Existe uma diferença química inata na utilização dos circuitos neuronais por homens e mulheres. Elas usam mais o hemisfério esquerdo do cérebro, que é muito bem-equipado para memorizar e acessar as imagens emocionais, enquanto eles usam os dois hemisférios, não tão especializados quanto o delas. Assim, eles acabam tendo uma clara dificuldade de lembrar o que para elas é inesquecível.

Sob o título "Homens tentam superar desvantagem emocional", a Folha de S.Paulo publicou, em 17 de janeiro de 2002, reportagem do jornalista Sérgio Vilas Boas que trazia a seguinte chamada: "A perda de identidade provocada pela condição atual da mulher leva o homem a uma crise que pode ser proveitosa para ambos". A crise de masculinidade, antes restrita à intimidade de cada homem, tornou-se pública nos últimos dez anos. Dezenas de estudos assinados por antropólogos, sociólogos e psiquiatras chamaram a atenção para a condição de inferioridade do sexo masculino.

O machismo, que se apoiava na subserviência da mulher, cada vez mais cai por terra à medida que ela vai se integrando à globalização e à "mulherização". Estamos vivendo um tempo de dignificação do ser humano, seja ele masculino, seja feminino. Eis por que desenvolvi a Teoria Integração Relacional.

O NASCIMENTO DO CASAL

A mulher é mãe há muito mais tempo do que o homem é pai.

Na Pré-História, ela cuidava instintivamente dos filhos

como qualquer animal, até que a criança crescesse e se tornasse mais independente.

Quem se incumbia das tarefas mais difíceis, que exigiam força física, eram os homens da família, os irmãos da mãe ou os filhos homens. Vivia-se um esquema familiar matriarcal, sem conhecimento da existência do pai.

Mais voltado ao nomadismo, o homem desconhecia a paternidade. Ela só surgiu há cerca de 12 mil anos, quando a mulher inventou a agricultura e os seres humanos fixaram-se mais na terra.

Antes, a gravidez era considerada um presente dos deuses. As mulheres sabem que são mães há mais de 300 mil anos, muito antes de haver relação sexual, quando o encontro íntimo entre os dois sexos não passava de um ato sexual animal, sem romance... quase um estupro.

Os homens continuaram em movimento, saindo às vezes para caçar, lutar nas guerras, conquistar territórios. Construíam castelos para a família e quem permanecia com os filhos era a mãe.

O homem conquista e defende um território, mas quem o transforma em lar é a mulher.

Desse modo, é até natural que a mulher seja muito mais apta que o homem para cuidar das crianças. Do jeito como os homens de hoje estão, se fosse função deles historicamente olhar pelos filhos, o mundo não chegaria a acabar, mas talvez diminuísse bastante, pois até hoje ainda há pais que, literalmente, perdem seus filhos. Ou, quem sabe, se tivesse sido o homem o encarregado de olhar as crianças, como sempre foi a mulher, talvez hoje os pais não estivessem perdendo seus filhos pelo caminho, em shoppings, praias, parques infantis...

O mundo mudou. Existem casais experimentando novos arranjos familiares. Mas a velha divisão de papéis insiste em se manter: o pai trabalha e por isso não precisa participar da educação das crianças, que é responsabilidade da mãe. Mesmo que a mãe trabalhe fora, ainda resiste em abandonar o que fez durante tanto tempo...

Para o homem, a casa é o "repouso do guerreiro". Para a mulher que trabalha fora, é seu segundo emprego, até mais desgastante que o primeiro, porque lhe sobra pouco tempo para dar cabo de todas as tarefas: ver se os filhos não estão machucados ou doentes, se fizeram o dever da escola, se a casa está arrumada, se não falta nada na despensa e ainda preparar o jantar para receber o guerreiro cansado.

A mãe se sobrecarrega e o pai continua folgado. Mas ela não precisaria ser 100% mãe. Poderia ser só 50% se os outros 50% fossem complementados pelo pai ao assumir seu lugar na educação, já que ela trabalha fora e traz fundamental ajuda econômica para casa.

O homem ainda tem muito o que desenvolver no papel de pai.

A mulher começa a avançar em seu papel de mãe já durante a gravidez: acompanha o desenvolvimento do bebê, sente seus movimentos, observa suas mudanças corporais etc. Cada vez mais a mãe vai conhecendo o bebê e construindo um vínculo com ele. Enquanto isso, o pai observa tudo de fora, confuso, sem saber como participar mais ativamente dessa construção.

O desenvolvimento do papel de pai também deveria começar durante a gravidez. A participação de alguns homens na gravidez limita-se aos cuidados com a grávida. Quase não se vê o homem grávido comprando roupinhas ou brinquedinhos para o bebê que ainda não nasceu... Participar da montagem do quartinho? Poucos o fazem, pois a maioria pensa: "Isso é coisa de mulher!"

O grávido se preocupa mais com as despesas do recémnascido do que em aprender como se troca uma fralda, se prepara uma mamadeira ou se dá um banho. Ele age assim não por má vontade, mas porque não conhece outros caminhos.

Porém, como qualquer ser humano, ele é capaz de mudar, mesmo que ainda lhe falte consciência da necessidade de mudança e empenho.

Conheci uma vez uma noiva que estava revoltada com o noivo. Enquanto ela se preocupava em montar a casa, o futuro "ninho" do casal, ele queria comprar uma moto. Ela dizia que não era uma necessidade, e, além do mais, como carregar depois um bebê na moto? A noiva pensava no casal, nos filhos. O noivo, ainda preso ao nomadismo masculino, pensava somente em si, em seus passeios e aventuras...

> O pai é mais ligado na companheira que nos filhos; e a mãe, muito mais ligada nos filhos que no companheiro.

Imagine mãe e pai de um recém-nascido numa situação de intimidade. Os dois estão namorando na cama, e a mãe escuta o bebê gemer. De imediato, ela corre para ver a criança, que em geral já voltou a seu sono normal.

O papel de mãe avassala o de esposa.

O homem, que nem sequer tinha ouvido a criança, sente-se prejudicado em seu desempenho de namorado. E reclama que a mulher só dá atenção ao filho e nem o leva em consideração.

Essas diferenças se manifestam de maneira muito nítida quando um casal se separa. Ele fica com os bens materiais, entenda-se dinheiro. Ela fica com os bens afetivos, entenda-se filhos.

A mulher mantém mais a estrutura familiar que o homem. Portanto, uma família sem mãe sofre muito mais o risco de desagregação, de cada um ir para o seu canto, que uma família sem pai.

O homem separado praticamente abandona a família. Vira um nômade atrás de novas companheiras. Felizmente há exceções e nem tudo é desgraça, porque se o homem gostar de uma mulher que tenha filhos ele poderá cuidar das crianças da nova companheira até melhor que dos próprios filhos, que ficaram com a ex-mulher.

Hoje, não é raro o pai obter a guarda dos filhos. Nesse caso, muitas vezes, quem realmente ajuda no dia-a-dia é a mãe dele, quando o pai não contrata uma mulher para se encarregar das crianças. É raríssimo a mãe contratar um homem para cuidar dos filhos dela. Mas pode acontecer de o motorista, admitido para locomover as crianças, ultrapassar suas funções profissionais e agir como babá, principalmente de filhos maiores.

Quanto a relacionamentos afetivos, a mulher só aceitará um novo companheiro caso ele demonstre que será um bom pai para os filhos dela. E a estrutura familiar sobrevive.

AS ARMADILHAS DA CULPA

A ligação da mãe com o filho é tão forte que supera a razão. Ela tende a perder um pouco a objetividade na hora de avaliar o que a criança está fazendo por causa do "instinto" materno. Dentre as muitas espécies de mãe que existem, destaco dois tipos extremos:

■ Superprotetoras: acham que tudo que o filho faz é maravilhoso; ele é a melhor criança do mundo. Os errados são os outros, a escola, o mundo.

■ Cobradoras: só reparam no que o filho faz de errado. "Para os outros brigarem com você, é porque deve ter aprontado alguma, como sempre", diz essa mãe. Ela não agüenta ser criticada pelo que o filho faz.

As superprotetoras correm maior risco que as cobradoras de não educar bem os filhos.

As crianças precisam ser protegidas e cobradas de acordo com suas necessidades e capacidades.

Protegidas nas situações em que elas não conseguem se defender e cobradas naquilo que estão aptas a fazer.

Geralmente a mãe abre mão da razão em defesa do filho, mas essa atitude pode provocar muitos desarranjos no relacionamento. A criança se aproveita. Sente-se liberada para cometer uma grande delinqüência, porque depois é só agradar um pouco a mãe e nada acontece.

Todo delinqüente só vai em frente porque encontra o terreno livre e é um sedutor. Mas, como tem total incapacidade de tomar conta da própria vida, muito provavelmente será incapaz de ajudar outras pessoas, até mesmo a própria mamãe quando ela se tornar uma velhinha.

O medo de traumatizar a criança às vezes é tão grande que acaba traumatizando mais por falta de uma ação corretiva, responsabilizadora.

Há crianças que batem nas mães. Só fazem isso depois de xingar. E só xingam depois de desobedecer. Quanto mais a criança for educada em seus primeiros passos, maior será a eficiência da educação. Portanto, a mãe não deveria permitir desobediência. Para isso, o maior segredo é a mãe obedecer a seus próprios "nãos". Significa que só deve proibir algo que ela realmente possa sustentar, sem logo transformá-lo em "sim" ao menor motivo.

A obediência fica garantida pelo respeito que a mãe exige do filho. Defender-se dos maus-tratos, inclusive vindos da criança, é um gesto tremendamente educativo, além de ser ético e próprio de um verdadeiro cidadão.

Quando trabalha fora, a mulher de hoje, ainda atropelada pelo "instinto" materno, tende a se sentir culpada por ficar fora de casa o dia todo.

Se a criança vai mal na escola, a mãe passa a noite em claro, achando que a culpa é sua. E tudo pode piorar se o pai da criança disser: "Ah, mas onde você estava que não viu que ela não estudou?"

Se o filho jovem se envolve com drogas, é comum o marido cobrar a mulher, que também acaba se cobrando: "Quem sabe, se eu não estivesse trabalhando fora, isso não teria acontecido...".

Já atendi pais em conflito por causa de um mal-educado. Com a desculpa de que o filho poderia ser hiperativo, a mãe o deixava fazer tudo, enquanto o pai queria colocar-lhe os limites necessários.

> A mulher precisa tomar muito
> cuidado para não transformar
> seu amor de mãe numa doação que
> atropela o filho, em vez de educá-lo.

Pouco adianta o médico tentar tranqüilizá-la, explicar que o problema é muito mais abrangente e complexo e que ela está com tripla jornada de trabalho: como profissional, como rainha do lar e como mãe. Em geral, a mãe que trabalha fora assume a culpa sozinha. E assim o pai sai livre.

A grande armadilha da culpa origina-se exatamente em não abrir mão dessa tripla jornada, assumindo responsabilidades que extrapolam a capacidade de ação e reação da mulher. É querer ser onipotente. A maior parte das mulheres deveria aprender a colocar limites em suas próprias ações e a desenvolver capacitações nos diversos componentes da família, para a realização de tarefas que não cabem obrigatoriamente só a ela.

Certa vez atendi uma mulher de 45 anos que começou a desenvolver crises de pânico. A cada dois ou três dias, ia para o hospital achando que estava morrendo do coração. Tinha dois filhos adolescentes e trabalhava com o marido, de 55 anos, numa empresa própria de prestação de serviços. Os dois foram colegas na faculdade e tinham a mesma formação. Mas de certa forma reproduziam no trabalho o velho esquema familiar: ela ficava na empresa, ele saía para fazer contato com os clientes.

Essa mulher reunia dois componentes favoráveis ao pânico: os cromossomos (na família havia outros panicosos) e o "como somos". Seu comportamento era o de trazer para si todas as responsabilidades. O pânico foi desencadeado pelo estresse de cuidar da educação dos filhos, tocar a casa, a empresa e cuidar do marido. Uma vítima da própria onipotência. Julgava-se insubstituível.

Quando descobriu que sofria de pânico e iniciou o tratamento, os remédios mexeram com sua libido. Perdeu o entusiasmo sexual. O marido começou a reclamar. Ela nem percebia quanto era cobrada por ele. Houve períodos em que chegou a dormir apenas três horas por noite. Afinal, sentia-se totalmente responsável pela felicidade do marido, dos filhos e pelo bom andamento da casa e da empresa.

Não é o fato de trabalhar fora que prejudica a mulher, a criança e a família. Mas a postura de culpa que a mãe assume na volta ao lar. Mal entra em casa ela corre a atender todo mundo, sem se dar sequer direito a um descanso.

A mulher que trabalha fora deve exercer outro tipo de papel como mãe e administrar a casa de modo diferente. Não pode exigir de si o mesmo que se espera de uma mãe que ficou o dia inteiro no lar. Ela se tornou uma mulher globalizada, mas ainda não integrada.

A mulher integrada faz com que o ambiente doméstico seja diferente, com filhos mais independentes e cooperativos, que ajudam no andamento da casa e da rotina familiar.

Enquanto ela está fora, a responsabilidade de manter a casa em ordem cabe aos filhos que lá ficaram. Em vez de arregaçar as mangas e arrumar a bagunça, a mulher integrada exige que os filhos arrumem tudo e que da próxima vez a casa esteja em ordem quando ela chegar.

ENTRE A CHATICE E A OMISSÃO

Os pais sofrem muito quando os filhos acusam a mãe de chata e o pai de omisso.

É preciso que todos saibam que mãe nenhuma quer ser chata de propósito e pai nenhum quer falar tão pouco com seus filhos. O fato é que a mãe se sente totalmente responsável por sua cria, enquanto o pai nem tanto.

Basta observar o diálogo que geralmente ocorre quando o filho chega de uma reunião, uma saída noturna, um passeio escolar:

Pai: — Foi tudo bem, meu filho?

Filho: — Foi.

E o pai se dá por satisfeito. Acredita no que o filho diz. Futuramente, pode até se considerar o melhor amigo do filho por ter com ele diálogos como esse.

Observemos agora a conversa com a mãe.

Mãe: — Foi tudo bem, meu filho?

Filho: — Foi.

Em vez de parar por aí, o papo prossegue. A pergunta inicial foi só o aquecimento para o interrogatório: Com quem você foi? O que vocês fizeram? O que vocês comeram? Do que vocês brincaram? E assim por diante.

Mesmo ausente, a mãe quer se sentir presente na atividade do filho.

Mentalmente, ela vê a criança durante todo o passeio de acordo com o roteiro que traçou.

Em geral, crianças pequenas gostam de contar suas experiências para os pais. E a mãe aproveita bastante. Quanto mais o filho fala, mais noção ela vai tendo das perguntas que deve fazer. A mãe quer ter uma visão global. É uma maneira de se sentir presente, de cuidar mesmo estando ausente.

E caso tenha alguma desconfiança, se achar que o filho está mentindo, conduz o interrogatório de forma a esclarecer sua suspeita. Não faz perguntas diretamente relacionadas com a suposta mentira, mas vai juntando as respostas até concluir se ele está mentindo ou não.

Isso fica evidente quando a mãe desconfia que o filho está usando drogas. Em vez de questionar esse ponto, ela indaga: aonde você foi? (Há locais que favorecem mais o uso de drogas); com quem você foi? (Para checar se foi com alguém que usa droga); quanto tempo ficou lá?; o que fez lá? Cerca com perguntas, tira conclusões e forma uma convicção de se o filho usou ou não drogas.

Quando o pai faz uma pergunta, busca uma resposta focalizada. Como foi? Foi bem. Então, ponto final.

Respostas longas às vezes incomodam o pai. Ele acha esse tipo de conversa com o filho muito superficial, pouco prática e nada objetiva. O que agrada à mãe incomoda o pai.

Voltando ao ponto de partida: por que o filho acha a mãe uma chata? Na verdade, quem acha a mãe uma chata é o filho homem, porque os garotos têm mais vontade de agir do que de falar. Não gostam de ficar contando dos amigos, ao contrário das meninas, que adoram!

O pai é mais legal para o filho porque com ele não precisa falar muito. E isso permite que o pai seja manobrado. É mais fácil enganar em duas ou três perguntas do que num questionário.

O que favorece, mas não justifica, esse tipo de comportamento paterno são algumas características ou mitos machistas: o pai tem de ser forte, saber de tudo, não expressar sentimentos nem procurar saber dos sentimentos do filho, não demonstrar fraquezas e sensibilidades (não chorar), não compartilhar preocupações e problemas, deve procurar resolver tudo sozinho, ensinar mais do que aprender, ditar e impor regras mais que compor.

Por isso o pai torna-se agressivo quando contrariado e não gosta de ficar fazendo perguntas, assim como não gosta de responder a perguntas que não acha essenciais. E fala com seriedade, porque bom humor pode ser confundido com leviandade.

> **Dificilmente um homem "machão"**
> **consegue educar bem seu filho, que**
> **precisa muito da meiguice da mãe.**

O trabalho ocupa um espaço enorme na vida do pai. Quando é interrompido, pela aposentadoria ou por um afastamento compulsório, o pai se sente morrer, porque sua auto-estima cai e ele entra em depressão. Parece-lhe que se não trabalhar vai perder sua identidade. Não se valoriza mesmo que sua mulher lhe dê valor. Há mulheres que também se sentem não só atrapalhadas, mas ameaçadas pela presença masculina em casa. Assim, em vez de ajudar o homem no que ele precisa, acabam minando a auto-estima masculina: "Homem em casa só atrapalha; vai para a rua, vê se acha alguma coisa para fazer!"

Já as mulheres raramente se dedicam apenas ao trabalho. Elas se cuidam, têm seus afazeres diários, interessam-se pela casa, comida, roupas, por cuidar das crianças ou dos pais idosos, pelo jardim, pelos animais de estimação etc. Mesmo que se aposentem, têm muitas coisas que as mantêm vivas.

Há homens que ajudam em casa quando estão desempregados. Porém, quando arrumam outro emprego, voltam a encarar o lar como o repouso do guerreiro. Por isso, não é de estranhar que deixem a educação por conta da mulher.

Educar dá trabalho, pois é preciso ouvir o filho antes de formar um julgamento; prestar atenção em seus pedidos de socorro (nem sempre claros) para ajudá-lo a tempo; identificar junto com o filho onde ele falhou, para que possa aprender com o erro; ensiná-lo a assumir as conseqüências em lugar de simplesmente castigá-lo, por mais fácil que seja; não resolver pelo filho um problema que ele mesmo tenha capacidade de solucionar; não assumir sozinho a responsabilidade pelo que o filho fez, por exemplo ressarcir prejuízos provocados por ele ou pedir notas aos professores.

Muitos pais machos foram filhos de pais também machos. Se pais machos soubessem educar, seus filhos também saberiam educar e não teríamos hoje esta geração de jovens tão bem-criados porém tão mal-educados.

A grande vantagem do ser humano sobre os animais é a possibilidade de modificar seu comportamento, criando soluções para o que o prejudica ou não o satisfaz.

Um pai integrado tem de superar o machismo e ser uma pessoa verdadeiramente interessada em educar o filho.

O interesse e o empenho em educar o filho devem ir além da informação. É preciso que as informações sobre educação, desenvolvimento, drogas e sexualidade e relacionamentos integrais saiam dos livros e entrem na rotina familiar.

Em geral, não é fácil levar a teoria para a prática. A maior dificuldade surge quando conflitos internos dos pais interferem nas ações educativas, e isso não depende da idade dos filhos.

Tereza me procurou por não agüentar mais as agressões que recebia do filho de 7 anos cada vez que ela o contrariava. Desde pequenino, Zezinho conseguiu tudo o que quis usando e abusando da birra. Tereza sabia que estava errando cada vez que cedia à birra, mas não conseguia impor-lhe os limites necessários. Ela não suportava vê-lo sofrendo. Em sua terapia, Tereza percebeu quanto sua mãe tinha sido repressiva, e jurou a si mesma que nunca reprimiria ninguém, muito menos seus filhos. Tereza não se lembrou mais desse juramento, mas ele ficou bem arquivado dentro dela. Quando precisava impor os limites adequados, o juramento entrava em ação sem passar por sua consciência e interferia na resposta. É o conflito interno da mãe prejudicando a educação.

A omissão, que permite à criança fazer tudo o que tem vontade, ou a explosão diante de qualquer deslize do filho, além de não educar, distorcem a personalidade infantil, tornando a criança folgada (sem limites) ou sufocada (entupida, reprimida, tímida). No futuro, ela poderá se revoltar quando for contrariada ou tiver forças suficientes para se rebelar contra o opressor. Portanto, é importante que os pais busquem ajuda quando não conseguem fazer o que sabem que tem de ser feito.

A boa educação não se deve pautar pelos conflitos ou problemas que os pais tiveram na infância, mas pelas necessidades de cada filho. Mesmo que o casal tenha três filhos, cada um deve ser tratado como se fosse único, pois embora os três tenham a mesma genética o que impera é a individualidade.

A gravidez é uma ótima oportunidade de trabalhar as questões educativas, pois é um momento de transformação. A mulher e o homem se reestruturam para ser mãe e pai, o próprio casal se reestrutura para a inclusão de um filho. É o relacionamento amadurecendo para a triangulação.

Os resultados imediatos da boa educação podem vir como flores: bonitos, exuberantes e agradáveis a todos. Mas os verdadeiros e duradouros resultados são aqueles que pertencem à formação da personalidade.

O que garante uma boa educação são seus frutos, comportamentos duradouros que valem para qualquer situação.

O que faz as flores evoluírem para frutos são os princípios da coerência, constância e conseqüência.

Educar é uma obra-prima, uma obra realmente artesanal, cujo resultado é a futura felicidade dos filhos e de todos à sua volta.

Filhos são navios...
Pais são estaleiros...

Nos estaleiros os navios são construídos. O lugar mais seguro para os navios é o porto, mas eles não foram construídos para ficar ancorados no porto, e sim para singrar os mares...

Os pais podem achar que o lugar mais seguro para os filhos é junto deles, mas os filhos não nasceram para isso, e sim para singrar os mares da vida...

Capítulo 2

A educação
do "sim"

Agora, vamos dar uma olhada nos filhos. Não nos pequenos, que ainda não andam pelas ruas, mas nos maiores, que já querem caminhar com as próprias pernas, num mundo que de repente ficou pequeno.

Marcelo, 15 anos. *Um dia decidiu que ia para um vilarejo com 5 mil habitantes no centro dos Estados Unidos fazer intercâmbio. Descobriu o lugar através de um amigo virtual que conheceu num chat na internet. A cidade não oferecia nada.*

Pai e mãe ficaram desconfiados de que alguma coisa estava errada. O rapaz tinha pouquíssimos amigos e não saía de casa para visitar ninguém. Até que encontraram no quarto do garoto uma carta com a foto do amigo. Uma carta de amor visivelmente homossexual.

Os pais resolveram impedir a viagem. A opção sexual do amigo é o que menos pesava na decisão. A maior preocupação da família era soltar um garoto, filho único, sem um mínimo de experiência de vida, muito menos sexual, sozinho, numa cidade interiorana de um país distante e na casa de uma pessoa desconhecida cuja única referência era ser homossexual.

O rapaz culpou os dois por não deixá-lo realizar seus planos e disse que morreria, ou seja, usou contra os pais o argumento mais forte que encontrou: sua morte.

Anos antes, o garoto quase havia morrido num acidente de carro. Sua sobrevivência fora considerada um presente divino, e nunca mais os pais lhe tinham dito um "não". Na ocasião a mãe parou de trabalhar para cuidar dele. O rapaz era a sua vida. E o pai, muito envolvido com o trabalho, nunca impôs limites aos dois.

Um trabalho de consultoria familiar ajudou-os a resolver o conflito. Os pais conseguiram manter a proibição e o rapaz não viajou... nem morreu.

Bernardo, 19 anos. *Numa viagem para a praia, conheceu uma garota européia e tiveram um namorico. Apaixonado, pela primeira vez sentindo-se correspondido, ele resolveu abandonar a faculdade e largar tudo para ir com ela para a Europa.*

A família achou que era uma loucura e sugeriu que o filho adiasse a viagem para as férias. Ele reclamou: "Vocês atrapalham minha vida. Não posso fazer nada do que eu quero".

Só que ele, supermimado, sempre fez o que quis. Foi superprotegido pela mãe e pelos avós maternos que o criaram. O pai era incoerente e inconstante, incapacitado para educar.

> Tudo que dependia da família, Bernardo conseguia. Menos namoradas e amigos verdadeiros, que dependiam exclusivamente dele conseguir.

Bernardo tinha um carro importado e gostava de correr pela Marginal Pinheiros a 200 quilômetros por hora. Disse que ia se matar. A ameaça apavorou toda a família.

De outro lado, como deixar um filho ir para a Europa atrás de uma garota mais velha e experiente, acostumada a viajar pelo mundo sozinha, que ele mal conhecia? Já no Brasil, o interesse dela por ele diminuíra, lembrando em tudo um flerte passageiro de férias num país distante.

Através da consultoria familiar e de uma subseqüente terapia individual intensiva, sob um clima de crise, todos firmaram o seguinte contrato: ele iria para a Europa nas férias, caso o relacionamento entre os dois ainda justificasse a viagem.

Após dois telefonemas, o relacionamento acabou, assim como começou: uma chuva de verão!

Marcelo e Bernardo são dois exemplos de adolescentes bem-criados, porém não bem-educados. Apesar de ter tido tudo na infância, não desenvolveram auto-estima suficiente para estabelecer relacionamentos que dependessem exclusivamente deles.

Esses rapazes receberam tudo de graça. O simples fato de existir era motivo suficiente para os pais atenderem a seus mínimos desejos. E assim, sem conhecer o significado do "não", partiram para o mundo. O mundo é a realidade onde convivem o "sim" e o "não". Eles acreditavam que o mundo seria como seus pais, que jamais lhes disseram "não".

Essa é uma das tristes conseqüências da educação do "sim", da permissividade e da hipersolicitude.

PARAFUSOS DE GELÉIA

Figuras paternas frágeis e mães hipersolícitas transformam os filhos em parafusos de geléia.

Se levam um apertão, espanam. Não agüentam ser contrariados. Não foram educados para suportar o "não".

O parafuso de geléia é comumente encontrado nesta seqüência: avós autoritários, pais permissivos (= antiautoritarismo), netos sem limites (parafusos de geléia).

Quando foram pais, os avós mostraram-se muito autoritários, tendo sido mais adestradores de crianças que educadores. Bastava o pai olhar, o filho tinha de obedecer, do contrário os pais abusavam da paciência curta, da voz grossa e da mão pesada. Não tinham conhecimento da adolescência. Adolescente com vontade própria era sinônimo de desobediência. Não reconheciam a possibilidade de o filho pensar diferente: "Eu sei o que é bom para o meu filho e ele tem que aceitar", "Filho não tem vontade, não tem querer". Eram onipotentes e abusavam da lei animal do mais forte. Os filhos desses pais se revoltaram contra o autoritarismo. Sofreram tanto com esse método de educação que quiseram dispensá-lo ao se tornar pais. Então trataram de negá-lo fazendo o contrário. Assim, tornaram-se extremamente permissivos.

A permissividade é a outra face do autoritarismo regada a ocasionais crises autoritárias. Não consiste num novo caminho educativo. O pai permissivo deixa, deixa, até um ponto em que não agüenta mais e dá um grito: "Agora chega!" De repente, manifesta um comportamento que não condiz em nada com a permissividade. É a perda de referência educativa.

Os filhos desses pais, portanto os netos dos avós autoritários, tornam-se onipotentes com pés de barro: para eles tudo pode, mas não suportam nenhuma frustração. Sentem-se fortes, mas são parafusos de geléia, isto é, não suportam os "apertões" que a vida naturalmente dá em todos os seres viventes.

> *O "sim" só tem valor para quem conhece o "não".*

Mas a geração parafusos de geléia desconhece o "não". Tudo é permitido. E a permissividade não gera um estado de poder.

Os parafusos de geléia têm baixa auto-estima porque foram regidos pela educação pelo prazer. Muitos pais acham que dar boa educação é deixar o filho fazer o que tiver vontade, isto é, dar-lhe alegria e prazer. Não é isso que cria a auto-estima.

O AMOR FORMANDO AUTO-ESTIMA

A auto-estima começa a se desenvolver numa pessoa quando ela é ainda um bebê. Os cuidados e os carinhos vão mostrando à criança que ela é amada e cuidada. Nesse começo de vida, ela está aprendendo como é o mundo a sua volta e, conforme se desenvolve, vai descobrindo seu valor a partir do valor que os outros lhe dão. É quando se forma a *auto-estima essencial*.

A auto-estima continua a se desenvolver conforme a pessoa se sente segura e capaz de realizar seus desejos e, futuramente, suas tarefas. É a *auto-estima fundamental*.

Para os pais, o amor incondicional que sentem pelos filhos está claro, mas para os filhos nem sempre esse amor é tão claro assim.

Toda criança se preocupa em agradar à mãe e ao pai e acredita que ao fazer isso estará garantindo o amor deles. Para ela, o sorriso de aprovação dos pais é amor, e a reprovação com um olhar sério ou uma bronca é não-amor.

É importante que fique claro para a criança que, mesmo que a mãe e o pai reprovem determinadas atitudes dela, o amor que sentem por ela não está em jogo.

Para que a criança se sinta amada incondicionalmente, é necessário, acima de tudo, que seja respeitada.

Respeitar os filhos significa:

▌ Dar espaço para que tenham seus próprios sentimentos, sem por isso ser julgados, ajudando a expressá-los de maneira socialmente aceitável. Não é errado nem feio sentir raiva. O que pode ser reprovado é a expressão inadequada da raiva, como bater em alguém.

▌ Aceitá-los como são, mesmo que não correspondam às expectativas dos pais. Precisam ter os próprios sonhos, pois não nasceram para realizar os dos pais.

▌ Não os julgar por suas atitudes. Crianças erram muito, pois é assim que aprendem. Mãe e pai podem e devem julgar as atitudes, mas não os filhos. Se a atitude foi egoísta, o que deve ser mostrado é o egoísmo, mas não consagrá-lo dizendo "você é muito egoísta". Frases do tipo "você é terrível" e "você não tem jeito mesmo" ensinam à criança que ela é egoísta, terrível e não tem jeito mesmo. Portanto, essas "qualificações" passam a ser sua identidade.

O respeito à criança lhe ensina que ela é amada não pelo que faz ou tem, mas pelo simples fato de existir. Sentindo-se amada, ela se sentirá segura para realizar seus desejos. Portanto, deixá-la tentar, errar sem ser julgada, ter seu próprio ritmo, descobrir coisas permite à criança perceber que consegue realizar algumas conquistas. Falhar não significa uma catástrofe afetiva. Assim, a criança vai desenvolvendo a auto-estima, grande responsável por seu crescimento interno, e fortalecendo-se para ser feliz, mesmo que tenha de enfrentar contrariedades.

Lúcia me procurou com a queixa de que sua filha Fernanda, de 1 ano, era preguiçosa — ainda não andava e não falava — e muito nervosa. No primeiro atendimento, sugeri que brincassem juntas, como costumavam fazer em casa.

As duas estavam sentadas no chão rodeadas de brinquedos. Fernanda olhava para um brinquedo e Lúcia se an-

tecipava: "Aqui está, filha! É este o brinquedo que você quer?" Quando Fernanda começava a engatinhar em direção a outro brinquedo, Lúcia o pegava e lhe entregava por temer que ela caísse e se machucasse.

Lúcia percebeu que não suportava ver a filha tentando e se frustrando, por isso se antecipava. Mas para que Fernanda começasse a andar seria necessário arriscar, cair algumas vezes, frustrar-se, até conseguir pegar o brinquedo sozinha. O que Lúcia havia transmitido até então para a filha era a idéia de que os brinquedos iam até ela. Ora, por que então Fernanda precisava andar ou falar? E, se a mãe não pegasse o brinquedo desejado, Fernanda gritava, irritada, pois a frustração não fazia parte de sua educação.

Alegria ou prazer adquiridos são logo digeridos e as crianças ficam à espera de receber mais alegrias ou prazeres. Quando não recebem, fazem birra, tornam-se infelizes. Portanto, esse método, além de não desenvolver a auto-estima, cria muito mais dependência (de pessoas, de drogas), pois é dela que as pessoas passam a se alimentar para estar bem.

O que alimenta a auto-estima é sentir-se amado incondicionalmente e também o prazer que a criança sente de ser capaz de fazer alguma coisa que dependa só dela. Não o prazer ganho. O filho desenvolve a auto-estima quando brinca com o que ganhou, interage e cria novas brincadeiras; guarda o brinquedo dentro de si, sente sua falta e principalmente cuida dele. O brinquedo ganho adquire, então, significado para ele. Crianças que ganham uma infinidade de brinquedos que mal conseguem guardar não têm como desenvolver auto-estima suficiente para gerar felicidade.

O presente que vai alimentar a auto-estima do filho é aquele que ele sente que merece. Sem dúvida, é muito prazeroso para os pais dar presentes que agradem aos filhos. Todos ficam contentes, os pais por dar e os filhos por receber. Mas o princípio educativo é que os filhos sejam pessoas felizes, e não simplesmente alegres. A alegria é passageira e a capacidade de ser feliz deve pertencer ao filho. O prazer do "sim" é muito mais verdadeiro e construtivo quando existe o "não".

Se uma criança é aprovada porque os pais contrataram para ela um professor particular, o mérito da aprovação é dos pais. O filho pode até sentir prazer por ter sido aprovado, mas no fundo sabe que o mérito não foi todo seu. Isso diminui sua auto-estima. Quando é aprovado porque estudou e se empenhou, sua auto-estima cresce. Ele adquire responsabilidade.

A auto-estima é a fonte interior da felicidade

Uma dica importante aos pais: quando proibirem alguma coisa ao filho, encontrem outras que ele possa fazer. A simples proibição é paralisante. A educação é mobilizar a criatividade para o bem comum.

VIVENDO DE MESADA AOS 30 ANOS

Antigamente, o filho não via a hora de alcançar a independência. Hoje, não é raro encontrar quarentões que não conseguem sair da casa dos pais. É preciso maturidade para constituir uma família.

Abandono da faculdade, migração e repetência escolar, dificuldade para começar a trabalhar, recebimento de mesada aos 30 anos, abandono do casamento assim que a mulher engravida são alguns fatos que ocorrem com bastante freqüência nos dias de hoje.

Tais adultos jovens querem os benefícios da maturidade sem, no entanto, arcar com os custos. Quem não sabe ouvir um "não" nunca será dono da própria vida. Nada impede que um trintão viva com os pais, desde que essa seja apenas uma opção de vida e não uma necessidade de sobrevivência.

Eternos "mamadores", os parafusos de geléia são cruéis e não se incomodam em ferir outras pessoas quando não suportam uma situação. Já atendi um trintão que me dizia: "Meus pais bem que podiam morrer, para eu ficar com a herança".

Não raramente, vendem a propriedade dos pais (conseguem a procuração deles) e jogam-nos num asilo para ficar com o dinheiro.

Esses parafusos de geléia não levam em consideração a ética, a civilidade e a gratidão filial, e mostram todo o seu egoísmo estilo animal.

O pai morreu e deixou o apartamento para a mulher e o filho. Este quer vendê-lo para comprar um apartamento menor para morar sozinho. A mãe explica que com o dinheiro da venda não é possível comprar dois apartamentos menores. E o filho sugere: "Você, que trabalha, que pague aluguel".

GAROTAS ONIPOTENTES

Os comportamentos que acabei de descrever eram observados, em geral, em filhos homens. De uns anos para cá, passei a receber no consultório um número cada vez maior de pais que reclamam do comportamento das filhas. A maior parte deles não estava habituada às reações e ações das filhas. Na cidade de São Paulo, em 2001, fugiram de casa mais garotas que rapazes. A maioria não queria mais se submeter ao autoritarismo machista e à violência em casa.

Quando as meninas atingem a idade da onipotência juvenil, geralmente após os 13 anos, podem se envolver com pessoas que usam drogas com o pretexto de tentar salvá-las. Mas o que habitualmente acontece é elas também acabarem se envolvendo com drogas. Quem usa drogas tem estimulada a sua onipotência. Quando as garotas de fato se apaixonam, exageram na onipotência da paixão, e de tudo e de todos o mais importante é o namorado. Assim, vêem-se atacadas por três fortes onipotências: da idade, das drogas e da paixão. Os diálogos tornam-se então muito difíceis (mas não impossíveis) e insuficientes; o que pode provocar mudanças são os acordos estabelecidos e cumpridos por todos.

Na educação do "sim", a ponta mais perigosa e difícil de lidar está no campo das drogas.

Tamanha é sua gravidade que merece atenção à parte. As drogas são tão importantes hoje que todos os pais devem se capacitar para lidar com elas.

De modo geral, as conseqüências são mais sérias para as garotas. Embora a porcentagem de homens que experimentam drogas seja maior que a das mulheres, elas se viciam mais que eles.

Os parafusos de geléia não são invenção da juventude. Infelizmente, foram os pais que ajudaram a criá-los. Não assumiram a autoridade que lhes cabia e, numa postura subserviente, cederam a todos os caprichos dos filhos, sem distinção entre o essencial e o supérfluo.

Deram tudo tão mastigado para facilitar a vida dos filhos que estes não aprenderam a mastigar a própria comida, a lutar com ímpeto para alcançar seus objetivos, a ter garras para transformar sonhos em realidade.

Muitos pais acreditam que seu filho jamais usará drogas, porque recebe muito amor. Mas só o amor não educa. O que educa é deixar a criança assumir, desde pequena, a responsabilidade pelo que faz.

Antes, porém, de falar sobre como prevenir os parafusos de geléia, gostaria que vocês, mãe e pai, refletissem comigo sobre os comportamentos que interferem na qualidade dos relacionamentos. Que valores são essenciais para o ser humano? O que é, afinal, a tão falada felicidade? Vamos lá!

Capítulo 3

Três estilos
de agir

Por incrível que possa parecer, as pessoas nem sempre adotam um comportamento humano em suas ações. Para facilitar a compreensão, reduzo os comportamentos a três estilos: vegetal, animal e humano.

COMPORTAMENTO ESTILO VEGETAL

Utilizado quando as pessoas agem como se fossem plantas:
aguardam o mundo em volta se movimentar para atendê-las.
Fixada ao terreno, a planta espera que o solo lhe seja fértil, que haja chuva e luz suficiente para a fotossíntese. Até a
reprodução depende de terceiros. São os polinizadores (inse-
tos, aves e vento) que espalham suas sementes. Ela se limita a
atraí-los e segue cumprindo seu determinismo genético.

**A planta possui a força da
sobrevivência, mas são os outros que
lhe dão as condições de vida.**

Os humanos vivem fisiologicamente essa etapa quando
são recém-nascidos, estão em coma ou perdem a memória
na fase senil. Caso não recebam cuidados, podem morrer,
apesar de ter dentro de si a força da sobrevivência.

Às vezes, porém, pessoas que não se incluem nesses casos apresentam comportamentos que, embora possam parecer adequados, remetem ao estilo vegetal. Isso ocorre sobretudo quando deixam por conta do acaso algo que poderiam
elas mesmas fazer.

A mãe que permanece indiferente enquanto suas crianças se engalfinham é um exemplo desse comportamento.
Claro que ela reparou na briga, mas talvez pense: "Logo se

cansam de brigar e continuam brincando". O pai pode ser atacado pelo mesmo mal quando nada faz. Observa tudo calado, pensando: "Quando crescer, passa". Equivale a dizer que é o tempo que resolve o problema, e não ele.

Somente esperar em vez de agir é um comportamento estilo vegetal. O ser humano se caracteriza por agir para mudar o que não está bom. Ficar apenas "filosofando" não resolve a questão nem supera os conflitos.

Imaginemos agora uma mulher às vésperas de uma data especial, como seu aniversário de nascimento ou de casamento. Ela mantém um silêncio estratégico. Não se manifesta, na esperança de que o marido, além de se lembrar da data, traga aquele presente que ela sempre desejou — mesmo que nunca lhe tenha dito qual é esse tão sonhado presente.

É como se a intensidade do amor do marido fosse medida pelo fato de ele se lembrar ou não da data. Pobre dele se esquecer! E, se trouxer um presente diferente do que ela esperava, terá de engolir uma tromba ou cara feia.

Achar que o companheiro deve se encarregar de tudo que lhe diz respeito é típico da mulher machista. Ela é a planta; ele, a natureza.

O homem assume o estilo vegetal quando, por se julgar suficientemente bom e trabalhador, uma figura de projeção social, acha que não precisa fazer mais nada pela educação dos filhos. Sua condição já lhe parece suficiente para que as crianças o respeitem, sigam seu exemplo, sejam obedientes, responsáveis e bem-criadas. Mas o fato é que o filho nem sempre aprende o que o pai deseja ou espera.

Ser um homem bom e trabalhador são apenas características de uma área. A vida pode ser comparada à mão, que traz na palma a personalidade e nos dedos os diversos papéis que um ser humano desempenha. Quem é bom apenas numa área tem um dedo imenso e os demais atrofiados. Sobrevive-se com um único dedo, claro, mas a vida será tanto mais rica quanto mais relacionamentos saudáveis uma pessoa tiver.

COMPORTAMENTO ESTILO ANIMAL

Estilo já um pouco mais elaborado. Os animais têm movimento próprio e usam estratégias para saciar os instintos. Suas ações são repetitivas porque estão inscritas em seu determinismo genético. Todos os animais de uma determinada espécie têm comportamentos e recursos semelhantes, portanto sobrevivem guiados pelos mesmos instintos.

A natureza foi muito sábia ao gratificar com prazer a saciedade dos instintos. Assim, cada vez que o animal é impulsionado pela necessidade de sobrevivência e da perpetuação da espécie, ele se movimenta atrás de comida ou em busca de parceiro.

A necessidade traz um desconforto que motiva o animal a buscar a saciedade. Então, ele não só se livra do incômodo mas ainda sente prazer, o prazer da saciedade.

É gostoso comer quando se tem fome. O prazer vem do gosto da comida na boca e da garantia de sobrevivência. Sem comer, ele morreria de fome.

O animal vive dentro do ciclo necessidade/ saciedade e prazer/desprazer.
Suas vontades são ditadas pelos instintos.

Os humanos adotam o comportamento estilo animal quando:

▋ Não usam sua racionalidade.

▋ Repetem os mesmos erros.

▋ Fazem só o que foi aprendido e não criam novidades.

▋ Suas vontades estão acima da adequação.

▋ Agem impulsivamente, mesmo que depois se arrependam.

▋ Agem egoisticamente, sem pensar nas demais pessoas.

▋ Desrespeitam a ética relacional e as normas sociais.

▋ Pirateiam e danificam o meio ambiente.

▋ Usam a lei do mais forte.

Assim, pais que exploram, negligenciam ou violentam os filhos estão manifestando seu comportamento estilo animal.

Se a mãe ou o pai socorre o filho contra a merecida repreensão que o pai ou a mãe lhe fez, talvez esteja protegendo irracionalmente sua cria.

O pai ou a mãe assume um comportamento estilo animal quando, na expectativa de que o filho se modifique, insiste sempre na mesma bronca. Diante do garoto que não estuda, ele ou ela repete a advertência ou conselho, que invariavelmente começa com as fatídicas palavras: "Eu, quando tinha a sua idade...". Nunca acrescenta ao discurso algo novo, capaz de mobilizar o adolescente. Diz sempre a mesma coisa e com isso obtém sempre o mesmo resultado.

Um parêntese: a comparação entre o filho adolescente e as vivências da adolescência paterna baseada apenas na idade ("Eu, quando tinha a sua idade...") nega toda a evolução social ocorrida nas últimas décadas. O pai talvez tenha precisado mesmo estudar, trabalhar e dar duro para melhorar seu nível sociocultural. Mas isso se deu em outra realidade, em outra época, com outras condições de vida.

Portanto, a adolescência paterna não serve de modelo para um filho que tenha sua sobrevivência garantida, boas condições de vida, um cérebro que funciona "zapeando" o que não lhe agrada e tenha o privilégio de poder estudar sem precisar trabalhar.

A mãe, por sua vez, tem um comportamento animal quando se dispõe a arrumar o quarto do filho pela "milésima e última vez". Espera que, ao vê-la arrumando, a criança aprenda a arrumar. Sinto muito, mamãe, mas esse é um comportamento estilo animal! O que a criança aprende, a imagem que lhe fica, é tão-somente a de sua mãe arrumando o quarto para ela...

Nesse exemplo, o ranço do machismo (mulher é que arruma a casa) atacou outra vez a mãe globalizada.

A criança só aprende a arrumar o quarto arrumando!

O pai divorciado que sempre dá razão à nova namorada em qualquer desavença com os filhos, sem ao menos procurar saber as causas, pode estar atuando como o animal macho protetor da fêmea: agride qualquer um que a importune, mesmo os próprios filhotes.

COMPORTAMENTO ESTILO HUMANO

Esse estilo busca a felicidade, e para isso as pessoas que o adotam integram disciplina, gratidão, religiosidade, ética e cidadania com vistas a sua sobrevivência, perpetuação da espécie, preservação do meio ambiente, formação de grupos solidários e construção da civilização.

Dono do cérebro mais desenvolvido na escala animal, o ser humano tem inteligência e criatividade para superar conflitos, encontrar soluções novas para os problemas, sofisticar a saciedade dos instintos e transformar o meio ambiente em busca de melhor qualidade de vida.

O cérebro superior confere ao ser humano qualidades que nenhum outro animal possui: capacidade de abstração, raciocínio hipotético, manejo do tempo (pode ficar acordado de dia e dormir à noite, se quiser), armazenagem do alimento (não precisa correr atrás dele dia após dia), sobrevivência nas diversas temperaturas (despe-se no calor e veste-se no frio). Graças a essas características, ele organiza o sentido de sobrevivência para atender seu lado animal.

> *Faz parte do instinto de perpetuação da espécie os pais cuidarem dos filhos, mas é a educação que os qualifica como seres civilizados.*

Se tiveram uma infância sofrida, não vão desejar que suas crianças passem as mesmas privações. Tentam dar o que não tiveram. O mérito de tais benefícios não cabe, portanto, aos filhos, que são apenas receptores passivos dessas compensações.

Na infância, os pais sofridos comiam a asa e o pescoço da galinha enquanto seu grande e autoritário pai se fartava de peito e coxa. Pois agora esses pais dão peito e coxa aos filhos. As crianças, que nunca receberam asa e pescoço, acham natural ter direito a peito e coxa e não valorizam o gesto dos pais.

Voltemos ao exemplo do aniversário. Se o marido esqueceu a data do casamento, a esposa tem de encontrar outro recurso, típico do estilo humano, que lhe permita celebrar a ocasião. Uma solução diferente, como dizer ao marido: "Hoje vamos jantar no meu restaurante preferido". A indireta talvez refresque a memória dele. Se não, dizer claramente que vão comemorar o enésimo aniversário de casamento. Para o casal integrado, não importa de quem é a iniciativa; importa é a comemoração. Para o não integrado, fica a silenciosa expectativa da mulher à antiga, que acredita caber ao homem a lembrança dessas datas. Para ela, funciona como um teste de amor: se ele se lembra, ele a ama!

Diante da desordem no quarto do filho, a mãe estilo humano se propõe a ajudá-lo a arrumar a bagunça; jamais ela mesma arregaça as mangas e põe mãos à obra. O filho arruma o que pode e a mãe apenas observa. O que ele não conseguiu arrumar sozinho, a mãe arruma, mas junto com o filho, ensinando-o. O que importa é mostrar ao filho como cuidar dos seus pertences e do ambiente em que vive, em nome de uma educação integrada. Crianças gostam de um elogio merecido, pois esse é o verdadeiro alimento da auto-estima. Elogiar gratuitamente desvaloriza a pessoa.

CUIDADO, MAMÃE!
(E VOCÊ TAMBÉM, PAPAI)

A mãe, contudo, pode querer usar outra técnica: "Não vou mais ligar para o seu quarto. Vou fazer de conta que não enxergo suas bagunças". E o quarto continua uma baderna, pois o filho também não a enxerga. Se nada muda, essa técnica cai no comportamento estilo animal.

É bastante comum a mãe não conseguir manter a nova postura por muito tempo. O seu "não ligar" dura até o dia em que não agüenta mais. Haverá uma festa na casa, é final de ano, véspera de viagem, volta das férias, seja qual for a justificativa ela se põe a arrumar o quarto furiosamente como um raivoso animal.

O que o filho aprende com isso? Muita coisa. Aprende que, se tolerar a bagunça mais do que a mãe, um dia ela acaba arrumando para ele. Quem está sendo inteligente?

> **No comportamento humano, a mãe vai mudando de atitude até a criança sentir necessidade de arrumar o quarto.**

E essa necessidade começa a surgir quando a criança não encontra mais nada do que quer no quarto, quando se vê privada de uma camiseta limpa, não acha o tênis etc. Não é porque o filho quer ir a uma festa importante que a mãe, às pressas, vai logo dar um jeito para o filhinho sair em ordem. Esse é o jeitinho que deseduca.

Nessa hora, mesmo vendo o filho desarrumado, a mãe deve se manter impassível e ainda comentar quanto ele está feio. Precisa resistir ao impulso de querer arrumá-lo todo. O filho deve sentir por si só, na pele, a importância e as vantagens de ter tudo em ordem.

CUIDADO, PAPAI!
(E VOCÊ TAMBÉM, MAMÃE)

No que se refere aos estudos, o pai precisa buscar soluções mais eficazes do que simplesmente achar que, por freqüentar uma boa escola, o filho está aprendendo. Na criança, talvez isso até seja verdade, mas não necessariamente no adolescente. A aprendizagem depende do que ele quer aprender, se ele acha gostoso ter conhecimento. Aprender é como comer.

Estudar e comer não são caprichos, mas obrigações. A comida alimenta a saúde física e o estudo alimenta a saúde social.

O ignorante sofre quando percebe que algum conhecimento lhe faz falta, mas não consegue aprender o que precisa. Não é o caso dos adolescentes. Eles não sentem necessidade de aprender o que não lhes interessa. Os adolescentes são interesseiros, por isso os pais devem explorar essa característica deles para negociar os estudos.

Uma das formas de não se afastar do comportamento estilo humano é ter sempre em mente a distinção entre o que é supérfluo e o que é vital. Aprender é vital. Comer é vital. Voltar tarde não é vital. Ter amigos é vital. Usar drogas, não. Mesmo que "todos os amigos usem".

O pai e a mãe se perdem justamente nesse ponto. "Todos ganham um carro, por que meu filho não ganhará?", perguntam-se. E eu pergunto: será que ganhar um carro é realmente vital?

Até os animais fazem uma seleção natural entre o que é supérfluo e o que é vital. Quando comer é vital, a proteção pode se tornar supérflua. A melhor caça é a que está faminta: cai em qualquer isca.

O vegetal sobrevive,
o animal sacia seus instintos e
o ser humano deseja ser feliz.

Capítulo 4

Ser feliz

A busca da felicidade, que inclui a liberdade, é uma característica exclusiva do ser humano.

A felicidade é um bem-estar biopsicossocial, uma satisfação da alma.

Felicidade não se dá nem se vende. Cada humano precisa antes amadurecer para alcançar a felicidade. Os pais podem fornecer aos filhos a base para formar a felicidade, seja materialmente, oferecendo-lhes condições básicas de sobrevivência, seja psicologicamente, através da educação. Como são inúmeros os níveis de felicidade, destaco a seguir os fundamentais.

FELICIDADE EGOÍSTA

A pessoa que desfruta esse tipo de felicidade busca somente atender às próprias necessidades e vontades, sem considerar o sofrimento alheio. É um bem-estar primitivo, quase vegetal, pois leva em conta apenas a própria sobrevivência. Suga todos os nutrientes do solo, enquanto se espalha para pegar o máximo de luz, mesmo que com isso abafe outras plantas.

Um exemplo pode ser o do chefe de família que exige para si o melhor lugar da casa, a melhor comida. Fuma seu cigarro à mesa. Tem sua bebida preferida. Tudo deve ser do seu modo e gosto, independentemente do sufoco dos filhos, da mulher ou de quem quer que seja.

Uma criança muito pequena naturalmente busca esse tipo de felicidade, porque nessa fase de desenvolvimento o egocentrismo é natural. Aos poucos, à medida que vai descobrindo as demais pessoas, ela supera a necessidade de ser o centro do mundo e se interessa mais pelos outros.

Aos 8 meses, o bebê costuma estranhar pessoas que não pertençam ao seu cotidiano e pode até chorar diante delas. Muitas vezes essas pessoas insistem em pegá-lo no colo apenas para a própria felicidade, ignorando a angústia da criança. Quando alguém lhe sorri, o bebê sente bem-estar porque percebe que despertou afeição. Por isso o sorriso lhe serve de reforço. Logo, se os pais desaprovarem alguma atitude sua, não devem sorrir enquanto dizem um "não" a ele. Entre o "não" e o sorriso, o que pesa mais é a aprovação do sorriso. Mesmo sem sorriso, a aprovação pode estar num meigo tom de voz, num doce olhar...

Uma criança que faz birra porque a mãe se nega a lhe comprar o vigésimo brinquedo numa manhã de passeio ao shopping é outro exemplo de felicidade egoísta. Sua vontade se transforma na necessidade de possuir o brinquedo, mesmo que precise atropelar a própria mãe.

> ## Quando um filho usa droga, também está buscando a felicidade egoísta.

Só ele sente o efeito prazeroso da droga, sem se preocupar com os prejuízos que ela provoca nem com os sentimentos e as opiniões dos pais e das pessoas que o amam. Vale lembrar que logo essa felicidade egoísta se transforma em saciedade e entra no ciclo instintivo (animal) do sofrimento/saciedade.

Quando os pais "sofrem" de felicidade egoísta, estão educando os filhos, pelo "como somos", a também ser egoístas. E no futuro serão atingidos pelo que ensinaram. Imaginemos esses pais senis, começando a necessitar de cuidados. Os filhos abrirão mão de sua felicidade egoísta para cuidar deles? É bem provável que os pais terminem num asilo.

FELICIDADE FAMILIAR

Todo o interesse da pessoa volta-se para o bem-estar exclusivo da família. Pouco importa o que acontece com as outras famílias. Cerca-se de todos os recursos para garantir sua segurança. É como um animal protegendo a prole.

Essa família se considera perfeita. Pai e mãe acreditam piamente nos filhos como se eles nunca mentissem e atacam ferozmente todos os que ousarem mexer com eles.

Fora de casa, não têm pruridos em se aproveitar de posições vantajosas e explorar os funcionários, a comunidade e até mesmo o social para trazer benefícios somente para a própria família.

Quando acontece um desastre ou um tumulto social, é natural que os pais se preocupem com os próprios filhos. O que não é natural é preocupar-se apenas e tão-somente com eles, sem pensar nos outros que estão sofrendo.

Tampouco é natural que os pais se voltem contra a escola que adverte seu filho sem saber os reais motivos. Só porque o filho está envolvido significa que o outro está errado?

Essas famílias educam suas crianças para a transgressão social, pois reforçam suas delinqüências.

As crianças precisam sentir que pertencem a uma família.

Elas carregam esse amor dentro de si para onde forem, inclusive nos seus primeiros passos na escola. A sensação de pertencer à família as defende de ser adotadas por traficantes, bandos de delinqüentes ou fanáticos de qualquer espécie.

Aprovar tudo o que a criança faz ensina-lhe que quem a ama satisfaz todas as suas vontades. Mas a própria vida vai se encarregar de contrariá-la. Quando não quer ficar na escola sem a mãe, por exemplo, a criança pode entender que a escola não a ama. São regras psicopedagógicas. É a primeira norma clara que a criança vai ter de enfrentar caso não tenha aprendido outras regras em casa.

FELICIDADE COMUNITÁRIA

Uma pessoa que sente esse tipo de felicidade faz questão de ajudar os outros de sua comunidade para torná-los mais felizes. Ultrapassa os limites da própria família, os interesses materiais e o individualismo.

É a sensação de bem-estar e prazer em pertencer a uma comunidade e participar dela como se fosse sua grande família. Não importa se a comunidade é o bairro, a cidade, a agremiação, a entidade, a instituição, a escola ou até mesmo o grupo religioso.

Podem ser pessoas que passaram pelas felicidades egoísta e familiar e depois amadureceram para a felicidade comunitária. Ou que, mesmo sem ter família, sentem grande satisfação em servir ao próximo.

Crianças abandonadas pelos pais mas adotadas e criadas por instituições de caridade absorvem o calor humanitário e com freqüência desenvolvem no futuro trabalhos comunitários.

Há pessoas que exageram e partem para o fanatismo, seja ele qual for: religioso, de torcidas de agremiações esportivas, partidos políticos etc. Apesar de ligadas à comunidade, elas não têm saúde social, pois são capazes de agredir e até matar os semelhantes que pertençam a outras comunidades.

A educação das crianças deve abranger também a busca da felicidade comunitária.

Elas podem acompanhar as atividades comunitárias desenvolvidas pelos pais. Mesmo porque são hipersensíveis aos sofrimentos alheios. Quando um bebê chora, os outros também choram. Se um adulto traz no rosto uma expressão de sofrimento, a criancinha franze o cenho.

Há muitos pedintes na rua: velhos, doentes, adultos, crianças e até mulheres carregando bebês de colo. Adolescentes são raros. Quando se aproximam, temos receio de que sejam assaltantes.

Adultos com crianças no carro têm de estar atentos a suas próprias reações, porque é o que as crianças absorverão. Se o pedinte chamar, olhe para ele. É melhor dizer um "não" com a cabeça já de longe. Então ele já percebe a negação e vai procurar outro "freguês".

Ainda que o adulto não olhe, as crianças sempre olham. É preciso ensinar a elas que essas situações têm de ser enfrentadas, e não ignoradas. Aproveite a oportunidade para conversar sobre como é bom ter uma família. Como será que vivem os pedintes? Como podemos ajudá-los em vez de simplesmente lhes dar esmolas?

FELICIDADE SOCIAL

Aqui, se considera todos os seres humanos iguais, não importando cor, etnia, raça, credo, religião, nível social, preparo cultural, poder econômico, cargo político, fama, origem, aspecto físico, capacitação ou habilidade.

A pessoa fica feliz em poder ajudar outro ser humano a ser feliz. Empenha-se em tornar este mundo melhor com pequenos gestos, desde o ato de deixar o banheiro limpo para o próximo usuário até grandes ações, como se mobilizar quando um semelhante ou um povo inteiro estiver sofrendo um revés em qualquer canto do planeta.

Assim como se regozija com a felicidade alheia, também sente na alma os sofrimentos dos homens. É um ser grato, solidário e sua ligação com o próximo transcende o tempo e o espaço, superando diferenças geográficas, ideológicas, políticas, sociais e religiosas.

> A felicidade social é a expressão
> máxima da saúde relacional
> social, pois se eleva acima das
> felicidades anteriores.

Tolerância, solidariedade, compaixão, sabedoria, não-violência fazem parte da felicidade social. Grandes guias religiosos foram suas expressões máximas. É lastimável, no entanto, que a maioria de seus seguidores tenha ficado pelo caminho, caído no radicalismo religioso.

Se desde a mais tenra infância os pais começassem a ler passagens interessantes e pitorescas dos grandes homens da humanidade e depois estimulassem um pequeno e simples debate sobre a vida deles, provavelmente as crianças seriam pessoas melhores para si mesmas, para a família, para a escola e, futuramente, para o mundo.

O que não vale é errar na dose e fanatizar o tema.

Não seria interessante a criança identificar o que ela fez de bom para qualquer pessoa? Incentivar a falar a verdade, sem exageros, e reforçar o que ela fez de positivo em seu dia são medidas que não exigem tanto e produzem grandes resultados: contribuem para a formação de uma boa auto-estima. Os filhos adoram saber que os pais gostam do que fazem. Se eles vivem naturalmente a felicidade social (fazer o bem, não importa a quem, e não fazer nada que possa prejudicar outras pessoas), seus filhos também a viverão.

O importante é que pelo menos uma vez os pais expliquem o alcance de suas atitudes, sobretudo quando os filhos estiverem atentos. Não adianta explicar cada coisa a todo momento sob o risco de ouvir um aborrecido "já sei, pai!" ou um "outra vez, mãe?"

Capítulo 5

Gente gosta de gente

Ao contrário dos demais seres vivos, já nascemos predispostos a ter companheiros. Nossa condição ao nascer é de total dependência da mãe. Precisamos que ela (ou um substituto) nos dê os cuidados básicos, sem os quais não sobrevivemos. Não somos como os animais, que já nascem praticamente capazes de andar e de se alimentar. Nós nascemos já nos relacionando com nossos geradores e cuidadores. Nenhum ser humano é indiferente a outro ser humano. Ele se aproxima, agride, finge não ligar ou se afasta, mas percebe sua presença. Sempre!

A força relacional é praticamente instintiva na espécie humana.

Os animais têm seus companheiros, porém de forma primitiva. Os bandos são movidos pela ética da sobrevivência: tudo o que fazem tem a finalidade de defender a vida e garantir a perpetuação da espécie. Um animal ataca outro quando se sente ameaçado física ou territorialmente. O que vale é a lei do mais forte.

O macaco é o animal com o cérebro mais desenvolvido. Forma bandos migratórios que atacam territórios alheios para roubar, pensando na sobrevivência de sua espécie. Nisso, ele se aproxima de seu parente célebre, o homem: povos mais fortes dominam os mais fracos. E brigam entre si em busca de mais poder do que necessitam para viver.

Seria a inteligência uma das responsáveis pelo poder destrutivo do ser humano?

Nem sempre o homem destrói seu semelhante para sobreviver. Então por que o faz?

Dentre as inúmeras causas, destaco o problema básico, ou seja, a falta de civilidade e a ambição aética dos humanos.

Não adianta o ser humano ser simplesmente inteligente. Assim como a força física, a inteligência, que já nasce com ele, pode ser desenvolvida. O que comanda a inteligência e a força física é a mente humana. Elas podem ser usadas tanto para o mal quanto para o bem, conforme a ética do indivíduo. O grande traficante de drogas usa a inteligência para o mal. Os grandes políticos precisam ter inteligência relacional para conseguir ser eleitos pelo povo. Mas o que torna uns corruptos e outros não é a presença da ética, que os faz honrar os cargos para os quais foram eleitos.

Nem os neurologistas nem os psiconeurofisiologistas conseguiram ainda mapear exatamente a localização anatômica da ética, mas sabe-se que ela reside no cérebro superior. Ali fica a instância que exerce o poder de avaliar situações e orientar caminhos da saúde social.

Mas só a ética não explica o companheirismo do ser humano. O que faz uma pessoa gostar das outras é a *religiosidade*. Esse sentimento é a força-mestra da convivência social. A religião, que é a espiritualização da religiosidade, reúne pessoas com a mesma afinidade espiritual, estabelecendo rituais, regras, hierarquias, locais próprios e *modus operandi* para sua funcionalidade.

O feto quase sempre é o produto do amor entre duas pessoas. Depende totalmente da mãe para se desenvolver. Mesmo depois, fora do útero, a criança prossegue dependendo integralmente da mãe ou de seus substitutos. À medida que cresce e vai se tornando auto-suficiente, ela conquista aos poucos sua independência.

A arte de ser mãe e pai é desenvolver os filhos para que se tornem independentes e cidadãos do mundo.

Quanto mais competentes os pais forem, menos necessários eles se tornarão para os filhos, e o vínculo afetivo será mantido eternamente, em nome da saudável integração relacional.

INFÂNCIA: APRENDENDO COM OS OUTROS

Ainda bem que os bebês nascem totalmente dependentes dos pais e prontos para aprender. O que aconteceria se uma criança já nascesse falando ou com valores sociais? Talvez não aceitasse o nome que lhe escolheram com tanto cuidado. Ou se expressasse numa língua incompreensível para os pais...

Assim como elas aprendem o idioma, absorvem também os costumes e padrões de valores.

Não é porque o bebê não sabe o que é fumar ou brigar que isso pode ocorrer na frente dele. A criança é muito sensível aos efeitos da nicotina, que ela absorve passivamente. As brigas transmitem emoções negativas que ficam registradas na memória vivencial, mesmo que o bebê ainda não esteja amadurecido neurologicamente para ter memória consciente.

A criança aprende pelo relacionamento afetivo que outro ser humano estabelece com ela e também com o que presencia do relacionamento entre seus pais. Por isso, todo cuidado é pouco.

Se um recém-nascido não consegue estabelecer vínculos com um adulto, muito provavelmente ele não vai sobreviver. Esse fenômeno foi estudado pelo psiquiatra infantil René Spitz, que acompanhou bebês hospitalizados e manuseados por várias enfermeiras. Eles entravam em depressão, não se alimentavam, perdiam peso e não se desenvolviam.

Spitz chamou o quadro de "depressão anaclítica", que pode evoluir para o marasmo e chegar à morte.

> **Crianças precisam brincar com crianças, tanto faz se com meninos ou meninas — as diferenças de gênero não têm muita importância.**

Este é um alerta necessário num momento em que o número de filhos diminuiu bastante em relação às gerações anteriores e há muitos milhares de filhos únicos no Brasil: apesar de as crianças se divertirem muito com os adultos, a convivência somente com eles, por mais preparados que sejam, não é a ideal, pois não oferece referências sobre elas mesmas.

É através do convívio com outras crianças que elas se vêem, trocam olhares e se identificam, formando uma auto-imagem de si mesmas.

As crianças adoram comerciais de televisão, até mais que desenhos animados infantis, principalmente se houver crianças em cena. Movimentos, vozes, lugares, músicas, coloridos alegres e bonitos, feitos para agradar ao telespectador e lhe vender tudo, prendem sua atenção.

Os desenhos e os bichinhos de pelúcia com forma, olhares, expressões faciais e movimentos de gente fazem sucesso com as crianças porque desde cedo elas gostam de gente.

Crianças maiores costumam brincar no corpo-a-corpo, até mesmo brincar de brigar. Estão se avaliando, formando padrões comparativos com outros do mesmo tamanho. É bastante comum uma das crianças exagerar na força e a outra, ao sentir-se atingida, reagir: "Ah, é? É para valer? Agora você vai ver!", e partir para a agressão. O limite entre a brincadeira e a briga foi rompido.

PUBERDADE: BUSCANDO A IDENTIDADE SEXUAL

A inundação dos hormônios sexuais na criança e o terremoto corporal causam uma mudança radical no físico e nas emoções de um filho, tumultuando a família. É a época da convulsão familiar.

O feminino e o masculino diferenciam-se bastante nesta etapa, cada qual com um comportamento característico, fortemente ditado pela dobradinha hormônios/cultura.

A garota passa a dar extrema importância às colegas e às amigas, formando grupos e subgrupos que ora se unem como amigas eternas, ora se afastam como inimigas mortais. A família vai para segundo plano.

A religiosidade é exercitada vigorosamente, em sua máxima carga. Os aniversários são supercomemorados com T-O-D-A-S as amigas (amigas, amigas das amigas, colegas, conhecidas etc.), menos com aquela chatérrima que até ontem era a melhor amiga.

Como passarinhos alvoroçados e cantantes no fim de uma tarde de verão, elas voam de repente para outra árvore e tudo continua. Porém, um passarinho no chão está doente ou ciscando. Do mesmo modo, uma garota solitária não está bem.

As competições entre elas começam quando surge o interesse pelo mesmo garoto.

O rapaz embarca no sentido oposto. Esse é o período mais anti-social de sua vida. Isola-se e se torna irritadiço, respondão, mal-humorado. Não divide suas preocupações, não pede nem oferece ajuda. Grandes transformações corporais e psicológicas ocupam tanto o púbere masculino que ele fica sem energia para investir nos relacionamentos sociais.

Tudo isso causa a maior estranheza na família. Se os pais descuidam, até seus aniversários passam em branco. É muito difícil estabelecer um relacionamento aberto, alegre e falante com o garoto, bem ao contrário do que se passa com a garota. Parece até que ele está brigado com o mundo.

Os púberes gostam de demonstrar uma auto-suficiência que ainda não possuem.

A dependência os constrange. Querem fazer o que desejam, sem contudo estar capacitados para tanto.

A força dos hormônios faz o garoto gostar de garotas, mas ele não se abre e, com receio de ser rejeitado, não as procura. Para complicar, sua testosterona não o deixa levar desaforo para casa. Briga por qualquer motivo e jamais pede desculpas. Até mesmo quando alguém, na rua, fala mal de sua mãe, a mesma mulher que em casa ele não tolera e quer "matar" a todo instante*.

ADOLESCÊNCIA: PROCURANDO A IDENTIDADE SOCIAL

A adolescência pode ser comparada à etapa em que as árvores frutíferas dão flores. Estas geralmente ficam na parte mais alta, bem expostas ao sol. Supercoloridas e perfumadas, elas chamam a atenção de todos os polinizadores. Os adolescentes são ao mesmo tempo flores e polinizadores.

---

* Mais detalhes dessas etapas podem ser encontrados em meu livro *Adolescência, o despertar do sexo* (Editora Gente).

Os jovens gostam de se mostrar, de ver e de ser vistos pelos seus semelhantes. Adoram ir a lugares onde nem conseguem entrar...

Competem entre si por todos os lugares, comparam-se a todo instante, com comportamentos alvoroçados, roupas e adornos. Formam turmas para tudo: esportes, saídas noturnas, estudos, viagens etc. A ligação com seus semelhantes, no caso outros adolescentes, é muito mais importante do que a mantida com os pais. Sofrem de *embriaguez relacional*, um estado de alteração psíquica capaz de influir tanto em seu quadro de valores que eles fazem coisas que sozinhos, ou na presença dos pais, não fariam. Tal embriaguez não é provocada por agentes químicos, como o álcool, mas pela força do relacionamento estabelecido entre eles.

A religiosidade entra em ebulição na adolescência, pois adquire a força das paixões, a fidelidade da melhor amizade, o fanatismo das torcidas, a adrenalina dos desafios, o prazer da aventura, a intensidade do amor que faz perder a cabeça... É a energia gregária na sua máxima vibração.

Se, por um lado, o adolescente mostra a educação recebida na infância, por outro dá tanta importância à turma que se veste, fala e age como os membros do grupo. Quanto mais influenciado estiver pela turma, menos aparece o que aprendeu em casa.

MATURIDADE: EDUCANDO OS PEQUENOS

Às flores seguem-se as frutas, a produção das árvores. É o ser humano maduro, produtivo, que trabalha, se compromete seriamente com outra pessoa, tem filhos, constitui sociedades, estabelece territórios etc.

Para produzir o máximo, uma boa ajuda de um complementar é sempre bem-vinda. Nem sempre a mulher consegue dar o máximo de si no trabalho porque os filhos vêm sempre em primeiro lugar e ela ainda tem de cuidar do marido. É a mulher globalizada, mas ainda não integrada.

A religiosidade se perpetua no casal com o aparecimento dos filhos.

O casal pode até se separar, mas se teve filhos os dois serão sempre mãe ou pai, nunca ex-mãe ou ex-pai. Há alguns ex-cônjuges que se comportam como ex-pais de seus filhos, tornando-se pais apenas dos filhos do casamento anterior da nova mulher. Daí se conclui que o homem desloca sua religiosidade de cônjuge e pai com muito mais facilidade que a mãe. Mesmo que os homens atinjam a maturidade profissional com grande notoriedade e recompensa monetária, isso não significa que tenham atingido a familiar, principalmente aqueles ex-cônjuges que se transformam em ex-pais. Podem ser globalizados, mas estão longe de ser integrados.

Raramente a mulher abandona o vínculo mãe/filhos e, mesmo que se separe do marido, costuma levar consigo as crianças. Para a maioria das mulheres, sem dúvida, o vínculo mais forte é com os filhos.

É notória a grande diferença entre ser mãe e ser pai. Em hospitais, nos estudos, nos passeios, geralmente a mãe cuida física e psicologicamente mais dos filhos que o pai. Nos passeios, é o pai que perde de vista as crianças mais comumente que a mãe.

Reportagens de jornais e revistas sobre a qualidade de vida masculina e feminina após uma separação conjugal informam que, em geral, a dos homens piorou, enquanto a das mulheres melhorou. Isso quer dizer que durante a vida a dois os homens usufruíam mais o casamento, abafando as esposas. A conclusão a que se chega é que a maternidade "asfixia" mais que a paternidade.

Geralmente o período da maturidade é o que ocupa mais tempo na vida do ser humano. Em média, uma pessoa trabalha aproximadamente de 30 a 45 anos. Pode ter filhos pequenos, adolescentes e adultos já produtivos; portanto, a relação filial varia muito. Os mais maduros têm misturados o papel de avô e o de pai quando têm filhos pequeninos.

Há pessoas que podem ser bons pais de crianças, mas maus pais de adolescentes, por não ter amadurecido suas funções. Há também os maus pais de crianças que se revelam ótimos pais de adolescentes. Os excelentes pais de crianças têm maior chance de ser ótimos pais de adolescentes. Os péssimos pais de crianças nunca serão excelentes pais de adolescentes.

Há pessoas que não se casam, mas dedicam a força de sua religiosidade à comunidade, à sociedade. Seus filhos são suas obras, um legado à humanidade.

SENESCÊNCIA: ADOLESCÊNCIA DA VELHICE

Com o aumento atual da longevidade, fica mais evidente a senescência, a movimentada etapa anterior à velhice, assim como a adolescência precede a maturidade.

Adolescer significa crescer e "senescer" (verbo ainda não registrado nos dicionários) significa envelhecer.

Muitos que estão em plena maturidade, com alta capacidade produtiva, são aposentados, compulsoriamente ou não.

Ainda com energia vital, dinheiro suficiente e bons conhecimentos, com filhos já crescidos, ficam com tempo disponível para se dedicar ao que sempre quiseram fazer e nem sempre puderam: viajar, aprender línguas e outros ofícios, escrever, curtir a vida com os netos, sem a responsabilidade de pais, e outros passatempos.

Quando o homem dessa fase começa a avançar nas mulheres, é chamado popularmente de "velho safado". Não é muito comum, mas cresce o número de mulheres que "atacam" os homens. "Velhas assanhadas", diriam as más línguas. Seria um desespero da força relacional no senescente?

> *Os senescentes querem aproveitar o tempo e os estertores da saúde, porque a velhice lhes bate à porta. Mas muitos deles continuam sustentando filhos e netos.*

Os avós senescentes vivem os maiores conflitos, porque ainda têm saúde, não se sentem velhos e querem participar da educação dos netos. A intenção é muito mais viver o prazer relacional de modo a preencher o entardecer da vida com a matinal alegria e a ingenuidade infantil dos netos.

Mas vale a pena todos ficarem atentos às grandes modificações que estão ocorrendo nas dinâmicas familiares. O Censo 2000 do IBGE revela que a importância econômica dos maiores de 60 anos aumentou, pois 20% dos domicílios do país (8,9 milhões de residências) são sustentados por eles. Não vivem "parados como postes" mesmo aposentados, pois muitos continuam trabalhando tanto na economia formal quanto na informal. Isso quer dizer que há muitos avós sustentando filhos e netos.

Essa geração de senescentes começou a trabalhar bem cedo, na época do milagre econômico brasileiro, e continua trabalhando num tempo em que o desemprego e o subemprego atingem seus filhos.

VELHICE: CREPÚSCULO DA VIDA

É triste ser velho na nossa cultura. Fica-se mais exposto à solidão, que não é natural no ser humano. E há um enfraquecimento generalizado do corpo e da energia vital.

O que alivia o sofrimento é a sensação de ainda ser útil e, em especial, amado e acolhido por seus descendentes. Portanto, outra vez, a força relacional suaviza as dores de uma etapa. Seus filhos já estão maduros e seus netos estão graúdos, todos em condições de ajudá-lo.

Os velhos já não interferem tanto na educação das crianças e dos jovens.

Recebem cuidados dos filhos maduros e são os netos adolescentes ou adultos que vão visitá-los para lhes levar o entusiasmo e as novidades juvenis. Quando lúcidos, os velhos são mais contadores de casos, de lembranças, de como tudo era no tempo da sua juventude, transmitindo aos netos experiência de vida, tradição familiar e social.

Quando está para morrer, lúcido, o ser humano costuma dizer que vai se encontrar com quem já morreu. Mesmo nessa hora, ele diz que vai continuar o relacionamento com as pessoas que já se foram. É a força da religiosidade transcendendo a vida terrena.

RELIGIOSIDADE OU RELIGIÃO?

Talvez você esteja se perguntando: religiosidade não é a mesma coisa que religião? Não exatamente. A religião é a espiritualização da religiosidade. Seus dogmas, credos e práticas foram sistematizados por seres humanos elevados que captaram a importância dos ritos para concretizar a espiritualização.

Perante a saúde social, todas as religiões são iguais, e seus valores particulares e guias espirituais devem ser respeitados. Mas a saúde social não aceita conflitos, sejam eles bélicos, sejam religiosos. Não admite que uns matem os outros em nome de seus deuses. Para a saúde social, todos os humanos são irmãos de espécie e têm de ser respeitados e preservados o planeta Terra e seus habitantes.

A expressão máxima da religião
é seu respectivo Deus.
A expressão máxima da religiosidade
é o amor, que transcende a religião.

Atendi certa vez um casal com três filhos pequenos. Ele era judeu e ela católica convertida ao judaísmo para se casar. Quando decidiram se separar, a mãe abriu mão da conversão e voltou a ser católica. Passou a rejeitar a estrela de Davi (que representava o ex-marido). O pai manteve sua posição de não aceitar o crucifixo (que representava a ex-mulher).

Os filhos transformaram-se no prêmio do vencedor dessa "guerra santa" entre a mãe e o pai. As diferenças entre judeus e católicos passaram a ser usadas como os motivos da não-resolução dos conflitos desses pais separados. Prova-

velmente, essa guerra particular será solucionada quando o ex-casal resolver suas divergências.

A princípio, a religiosidade desse casal, isto é, o amor existente entre eles, suplantou a questão religiosa. Por religiosidade a mulher aceitou a religião do marido.

Quando se separaram, com o fim, portanto, do amor conjugal, cada um se fortaleceu em sua religião original, que passou a ser utilizada como arma para atingir o ex-cônjuge.

MAIS QUE GREGÁRIO, SOCIAL

Animais que andam em bandos em geral são gregários. Apesar de estar juntos, cada um se protege como pode contra o predador, baseado no instinto de sobrevivência.

O bando tem seu líder, que é o macho mais forte. Ele defende sua(s) fêmea(s) e respectivas crias. Seu reinado é mantido à força, até surgir outro macho que o desafie e o derrote. É a lei do mais forte.

Os gnus africanos migram, aos bandos, milhares de quilômetros atrás de água e comida. No trajeto, são devorados por leões, crocodilos e outros predadores. Cada um tem sua estratégia de caça herdada geneticamente. O leão aparta a vítima do bando e a coloca em campo aberto, onde fica indefesa. O crocodilo, por sua vez, arrasta o gnu para dentro da água.

Se os gregários gnus formassem uma sociedade, bastaria alguns mais fortes apontarem seus chifres contra o predador para que este desistisse da idéia de atacá-los e procurasse outras presas mais frágeis.

As formigas e as abelhas formam uma sociedade, isto é, vivem juntas no mesmo ninho, cada uma desempenhando uma função específica em benefício da coletividade. Entretanto, não formam uma civilização, pois lhes falta o que os humanos têm: inteligência, criatividade, liberdade, responsabilidade, educação dos instintos, sistemas educacionais, religiosos, econômicos, políticos e comunicacionais, solidariedade, cidadania, ética...

Nos grandes centros urbanos, às vezes os cidadãos agem como se estivessem num bando: cada um por si. Num assalto à mão armada, por exemplo. Quem está vendo o crime nem se mexe, para não ser a próxima vítima. É a lei do mais forte, e o revólver confere a quem o empunha a condição de predador invencível.

O cidadão, um ser social e civilizado, deve usar outros recursos para lutar contra os assaltos, não deve reagir e infringir assim a lei do mais forte. Como ele pertence a uma sociedade, para se defender tem de utilizar os instrumentos que a sociedade lhe oferece.

A civilização é solidária.

Se um irmão da espécie se torna predador, é preciso que os outros se organizem para atendê-lo em suas necessidades básicas. Temos de nos defender dos predadores sociais atacando os focos que favorecem e alimentam suas formações.

Não adianta apenas dar comida a quem tem fome. É preciso prepará-lo para que consiga comida por conta própria. Mas, enquanto ele se capacita, fica sem comer?

Está na hora então de se envolver num trabalho social de recuperação desses predadores, não só oferecendo-lhes condições de sobrevivência e educação. Educar significa alimentar o corpo enquanto se prepara a alma.

Esse trágico momento do assalto pode ser usado para educar os filhos. É natural ficar com raiva do assaltante. Com a testosterona no cérebro, vem a vontade de lhe dar uns bons socos. E se estivéssemos armados, quem sabe até não atiraríamos?

É educativo que a mãe ou o pai expresse seus sentimentos sobre a violência sofrida e depois todos ponderem juntos, cada qual falando o que pensa e sente a respeito, enquanto os filhos se mostrarem interessados.

É muito ruim ser assaltado. Mas, por pior que seja, um homem civilizado não pode fazer justiça com as próprias mãos. Isso cabe ao Ministério da Justiça, através das leis. Todos somos iguais perante a lei, portanto temos de cooperar para que a Justiça possa agir.

Podemos transmitir às crianças o sentimento de solidariedade e a prática da cidadania. E devemos tomar os devidos cuidados para não nos expor ao perigo. Não paralisar a vida por medo de ser assaltados, mas também não nos expor desnecessariamente. E, por fim, participar de movimentos que ajudem os excluídos a recuperar a dignidade de ser humano.

PARTE 2

CAMINHOS PARA UMA NOVA EDUCAÇÃO

Capítulo 1

Unidos desde o princípio

O ser humano inteligente, gregário, com religiosidade, ética e criatividade, construiu a civilização, e nela mãe e pai têm papéis importantes. Esses mesmos valores, portanto, são os que devem nortear o dia-a-dia das famílias.

A História da humanidade mostrou que o cérebro humano tem uma capacidade incrível de superação, e essa capacidade se amplia à medida que o ser humano evolui. Ele passa a ter acesso a recursos ainda não explorados.

O homem não é o que reza a tradição machista. É um ser humano integral, superior. Se fizer apenas o mínimo que se espera dele, sem ter uma visão mais abrangente do mundo, ele se empobrecerá. É o caso do funcionário de uma montadora que não pode se limitar a ser um mero apertador de parafusos, ainda que passe a vida toda fazendo isso. Ele tem de saber que está ajudando a construir um carro e portanto é um construtor de carros.

Tanto o pai como a mãe devem fazer tudo em benefício da família. Se o filho está chorando, de nada adianta o pai gritar lá da sua poltrona para que a mulher vá atendê-lo. Esse ranço machista tão antieducativo só aumenta a confusão.

Seria muito mais inteligente e ético aplicar a energia para atender a criança do que gastá-la num grito e no mal-estar de ouvir o choro do filho. A natureza é pródiga ao recompensar uma mudança de comportamento desse tipo. Além de o homem ganhar proximidade com o filho, terá a admiração da esposa, porque não há mulher que não retribua generosamente a quem trata bem seu filho.

A mulher, ao ouvir o choro de um filho, só não o atende quando lhe é realmente impossível.

É quase irresistível para uma mãe deixar de atender ao choro de uma criança; ela geralmente larga tudo para proteger o filho.

Quem determinou que é a mulher que deve sempre atender ao choro da criança? O choro pode ser manifestação de sofrimento, de perigo... Antropologicamente, ou a mãe a socorria ou a criança era comida pelos animais. O homem forte para defendê-la? Estava ocupado, ferozmente caçando esses mesmos animais para eles comerem.

A caçada era tarefa para os mais fortes, os homens. Quem caça não cuida de crianças. Assim os machos deixaram de cuidar das crianças. Nos tempos de hoje, o homem não precisa mais de tanta força física para trazer comida para casa. Alguns nem precisam sair de casa. Mas nem por isso passaram a cuidar das crianças. A mulher também começou a participar das caçadas, mas nem por isso abriu mão de cuidar das crianças.

Será que o homem tem dificuldade para atender ao choro da criança? Não, porque na ausência da mulher ele atende. Se em situações extremas pode fazer isso, significa que pode fazer sempre. Quem não tem competência não faz nunca, por maior que seja a necessidade. Então devo concluir que esse tipo de homem acomodou-se na globalização, mas não evoluiu para um relacionamento integrado.

O pai poderia fazer muita coisa em casa. Suas funções não se deveriam restringir a arrumar a torneira, trocar a lâmpada, matar baratas. É vital que se interesse pelo passeio que o filho fez no domingo, por exemplo. Não como um detetive para ver se fez burrada e dar bronca, mas para acompanhar mais as atividades infantis. "Paiticipação" em vez de cobrança.

Quando chegar em casa, não só reclamar porque o jantar não está pronto, mas arregaçar as mangas para ajudar a mulher a prepará-lo. Ter vontade de ajudar é uma manifestação de amor. Torna o homem mais humano, menos macho.

O HOMEM GRÁVIDO

A participação do pai na educação do filho já pode começar na gravidez!

O homem grávido é o estágio que serve de aquecimento para o papel adequado de pai que participa da formação do bebê.

Muitos homens, hoje em dia, já acompanham a mulher durante o pré-natal. Alguns por vontade própria, outros a pedido do obstetra. Mas isso não é suficiente para que o homem se sinta também grávido.

Ser mãe e pai não é apenas cumprir tarefas práticas, mas também se envolver afetiva e intensamente, pois é disso que resulta a qualidade do relacionamento. Por isso é importante que o pai participe ativamente dos cursos de preparação para o parto, leia livros sobre o que está acontecendo com o bebê e saiba como ele está se desenvolvendo, sinta seus movimentos, converse com a criança ainda na barriga da mãe para que ela vá se acostumando com sua voz. Assim, futuramente, será possível o recém-nascido acalmar-se nos braços do pai, embalado por sua voz já há muito tempo conhecida e reconfortante.

O verdadeiro homem grávido participa das reuniões do pré-natal, dos exames de ultra-som, dos cursos de preparação para o parto a fim de aprender a cuidar da criança, recebê-la bem e estabelecer com ela o vínculo afetivo fundamental para a educação.

Talvez o termo "homem grávido" cause estranheza porque é uma função nova para o pai. A mulher sabe ser mãe há 300 mil anos. Só há 12 mil anos o homem descobriu sua paternidade. Não é à toa que a maternidade está mais desenvolvida que a paternidade. Mas isso não é motivo para os pais se acomodarem; devem, sim, é tentar melhorar o mais rápido possível.

A fecundação é dos dois, mas a gravidez, por muito tempo, foi só da mãe. O homem virava pai só na hora do nascimento. Antes sabia da existência do feto, mas não o via. A mulher, apesar de também não o ver, sentia a criança e experimentava no corpo as mudanças que o homem se limitava a observar externamente. O pai deveria sentir a gravidez não na barriga, mas no coração.

Hoje, com os grandes avanços no campo da obstetrícia, é possível saber o que ocorre com o bebê dentro do útero em cada fase do desenvolvimento. A ultra-sonografia e outros exames que dão uma espiada no ninho permitem à mãe associar a sensação com a imagem do feto na barriga e ao pai estar mais próximo do filhinho.

Hoje, já dentro do útero, o bebê se materializa para os pais.

Há obstetras que sugerem o parto humanizado. O pai deixa de ser um observador para se tornar participante do nascimento do filho. Uma evolução para a paternidade. Antes o parto era visto como um momento muito particular entre mãe e bebê. Agora passa a ser um momento único para a mãe, o pai e o bebê.

Assim que a criança nasce, o pai, ainda dentro da sala de parto, participa dos primeiros cuidados dando o primeiro banho e observando a primeira mamada. Essa participação gera mudanças na paternidade. O banho, antes considerado função materna, é dado pelo pai, que na maioria dos casos se encanta com a intensidade da relação com o bebê e com a percepção de sua capacidade de exercer funções antes nem imaginadas.

A maioria dos obstetras tem orientado o casal grávido, e não mais só a mulher. Inúmeros pais passaram a entrar na sala para assistir ao parto. Antes era raro um pai fazer isso e, quando acontecia, ele dava mais trabalho para o obstetra que a própria parturiente.

Em geral, a gravidez pega o homem grávido num momento de muita luta para o estabelecimento profissional, e sua mulher grávida pode dar mais trabalho que antes, quando era uma parceira disposta a tudo. Ela agora está cheia de desejos. Olha primeiro o bebê na barriga, depois o companheiro.

Afora os caprichos, os desejos da grávida têm alguma razão de ser. Existem carências nutricionais e afetivas que podem ser transformadas em desejos para suprir o que lhe falta no organismo ou no relacionamento.

A mulher integrada busca informações, marca exames, faz ginástica, massagem, cuida bem da alimentação. Os grandes problemas são as limitações naturais da gravidez. O corpo muda. Ela sabe disso e encara a verdade: gravidez não é doença nem paralisa ninguém.

A expressão máxima da religiosidade é o amor, e ele transforma o critério estético de apreciação do companheiro. De tanto as pessoas dizerem que a grávida é bonita, ela se torna bonita. Do ponto de vista puramente estético, não seria assim.

O amor faz da grávida uma mulher bela, e o mundo a homenageia, enaltece-a e a enche de cuidados.

No entanto, existem homens que não evoluíram para a paternidade e não conseguem ver na esposa/futura mamãe seu objeto de desejo. O fato é que o corpo dele não muda. Seu físico continua o mesmo.

Maridos imaturos sentem-se rejeitados pela esposa grávida. Após o parto, quando esperavam que a situação melhorasse, ressentem-se quando ela tem de se dedicar muito mais ao bebê.

Os homens que não têm saúde emocional para suportar períodos de dificuldade costumam abandonar a mulher e a criança, muito mais preocupados com as próprias satisfações do que em oferecer companheirismo à necessitada mãe de seu filho.

PAI INTEGRADO

Um marido integrado, além de entender que nesse período a esposa grávida não pode lhe dar tanta atenção quanto antes, começa a dedicar maior atenção a ela. E olha também para a criança, o que o faz passar longe do sentimento de rejeição.

Por mais independente que a mulher seja, a grande transformação da gravidez torna-a mais sensível e necessitada de maiores cuidados. Mesmo as mulheres que se sentem extremamente bem e energizadas, com a aproximação da data do parto têm também a necessidade de um apoio muito cuidadoso e compreensivo. Muitas acabam recorrendo à própria mãe (ou à sogra) em vez de apelar para o marido. Um marido não integrado pode se sentir rejeitado. Para muitas mulheres, a ajuda da mãe ou da sogra traz segurança e conforto. Pode ser um momento muito importante para o relacionamento entre elas. Para as futuras vovós, pode ser uma espécie de "revivência" da maternidade e para as futuras mamães é a chance de se reaproximar da própria mãe. Nessa fase muitas mulheres passam a ter curiosidade sobre como eram quando bebês, como suas mães agiam, coisas assim. Vão se aquecendo para desempenhar o papel de mamãe.

O homem integrado, em vez de se sentir rejeitado, tem a mesma oportunidade de se aproximar de seus pais. Muitos homens grávidos também podem se sentir ansiosos e fragilizados com as modificações que ocorrem na companheira, com as mudanças no relacionamento e com as expectativas do que está por vir.

Tudo isso que acontece com a futura mãe e com o futuro pai costuma ser importante para a formação dos papéis maternos e paternos.

Com o nascimento, o time das mulheres (avós, mães, cunhadas) tem um tipo de preocupação diferente do que tem o time dos homens (avós, pais, irmãos). Elas querem participar dos cuidados diários com o bebê, enquanto os homens preferem vê-lo apenas de vez em quando, costumam ser mais observadores do que "cuidadores". Quanto mais o bebê cresce e começa a dar retornos agradáveis (sorrir, falar, andar, fazer gracinhas), mais eles se envolvem. Assim sendo, de modo geral, o homem participa bem menos dos cuidados iniciais com o bebê, que ocupam a mãe praticamente 24 horas por dia. E algumas ainda têm de agüentar maridos que se sentem rejeitados.

O nascimento deve ser compartilhado também pela grande família. A mãe ou a sogra, quando não atrapalham, são extremamente úteis. O marido precisa entender isso e não hostilizar a sogra, tampouco sua mãe.

Na mulher, o maior evento biológico da perpetuação da espécie começa na gravidez; no homem, na relação sexual.

Se acompanhar bem de perto a mulher que espera um filho seu, o marido conhecerá melhor as necessidades dela e saberá compreendê-las. Sua participação também fortalece o vínculo entre os dois.

O homem integrado, além de mais responsável pela criança, sente-se grato à mulher por lhe dar um filho, e tanto mais saudável será o relacionamento entre pai e filho.

Conheci uma jovem mãe de três filhos pequenos que não tinha confiança para deixá-los com o pai. Apegado aos próprios desejos, esse homem não assumia a responsabilidade de cuidar dos filhos. Chegou a ponto de perder um deles na praia e deixar o outro dormindo no carro fechado sob o sol do meio-dia enquanto saía para tomar uma cerveja gelada para aliviar o calor.

Talvez a mulher tenha acreditado que a chegada das crianças fizesse dele um homem mais comprometido. O homem da casa. Mas se enganou. Ele só queria a esposa, não os filhos. É um mero pai biológico. Precisa de grande modificação interna para um dia atuar como pai.

A mulher se separou dele. Nem assim seu comportamento mudou. Costuma levar os filhos para andar de kart. Diz que as crianças gostam. Na verdade, uma delas gosta, as

outras, não. Mas ele insiste em levar as três. E, quando os fi-
lhos não podem, ele vai sozinho. Então de quem é o desejo
de andar de kart?

Esse tipo de comportamento paterno pode ser muito atenuado se o homem embarcar no papel de grávido. É um lucro dos avanços da psicologia que transforma o homem macho em ser masculino.

Ele não passa pelo processo biológico da gravidez. Mas por ter um comportamento estilo humano pode abstrair e imaginar o fato, mais ou menos como fazia no tempo de namoro: projetar novamente sonhos e fantasias. Desta vez, com uma criança.

Capítulo 2

O primeiro ano

O parto é um acontecimento tremendamente biológico, isto é, animal. Mas o ser humano cercou esse momento de tantos cuidados que somos capazes até de fazer cesariana com hora marcada. Criamos um sistema de parto.

Mas nem sempre privilegiamos do mesmo modo um período importantíssimo para a vida da criança, que é o da amamentação. A mãe precisa estar lá para oferecer o seio ao filho. Aliás, para isso foi criada a licença-maternidade.

Bebês têm de ser nutridos e alimentados. Nutridos de corpo, alimentados de alma.

O leite alimenta o corpo; o afeto alimenta a alma.

AMAMENTAÇÃO: SEUS SEGREDOS

Amamentar faz parte do instinto da mãe (comportamento biológico estilo animal), portanto é natural que as mães tenham leite para oferecer aos filhos. Salvo raríssimas exceções, toda mulher que dá à luz tem leite na quantidade necessária e da qualidade ideal para o bebê.

Muitas histórias de amamentação não são bem-sucedidas por falta de orientação. É fundamental que a mulher se informe e se prepare para amamentar com sucesso. Uma amamentação malsucedida pode levar a mãe a sentir-se culpada (não se julga uma boa mãe por ser incapaz de alimentar o próprio filho), o que pode interferir na formação do vínculo mãe/bebê.

Para que a mulher produza leite, basta que o bebê sugue corretamente seu seio e que ela esteja em condição emocional favorável.

A sucção é um reflexo do bebê. Ele tende a sugar da maneira correta, principalmente se lhe for oferecido o seio logo após o nascimento, ainda na sala de parto. No entanto, há bebês que apresentam dificuldades para sugar corretamente e precisam de ajuda nesse início de amamentação (a ajuda pode vir da própria mãe se tiver sido preparada e orientada durante a gestação ou de profissionais da área de saúde, como obstetras e enfermeiras). Se a mulher tiver preparado o bico do seio, a amamentação poderá ocorrer com mais facilidade. Além disso, há o aspecto psicológico da amamentação. Uma mulher estressada é capaz de produzir leite, mas não é capaz de liberá-lo nem que o bebê sugue corretamente. Isso ocorre porque o hormônio responsável pela liberação do leite é a ocitocina, e sua produção está relacionada com o estado emocional da mulher. Por essa razão, é importante que o companheiro também participe do preparo da mulher para a amamentação, pois ele é uma peça importante para ajudar a manter o clima favorável para que a mulher possa amamentar (levar água para ela durante a mamada, fazer o bebê arrotar, trocar fraldas, dar banho, dar o colo para a criança dormir).

A melhor maneira de o marido ajudar na amamentação é manter um clima afetivo favorável para a companheira.

A amamentação é fundamental para a saúde do bebê e também para o estabelecimento do vínculo mãe/bebê. Infelizmente, a má informação muitas vezes é um dos principais impedimentos ao sucesso da amamentação.

Os casais que se preparam durante a gestação costumam amamentar com muito sucesso. Eles aprendem que:

▌ Amamentar não dói (se doer é porque o bebê não está "pegando" corretamente).

■ Não há mulheres que "não têm leite" (se o bebê sugar, o leite será produzido).

■ Não existe leite fraco (cada mulher produz o leite ideal para seu bebê mesmo que não esteja nas condições ideais de nutrição).

■ É fundamental haver um ambiente tranqüilo para a mulher amamentar.

Caso não seja possível amamentar, o aleitamento materno pode ser feito com alimentação por mamadeira. **Mesmo sem amamentar no seio, a mãe pode fazer o aleitamento.**

Isso é feito quando a mãe oferece a mamadeira nas mesmas condições afetivas nas quais ofereceria o seio, ou seja, num clima de tranqüilidade e com muito carinho. Em casos como esse, o pai pode também "dar de mamar" (poderíamos falar até em "aleitamento paterno") e oferecer ao bebê tudo o que ele precisa: os nutrientes para o corpo e o alimento para a alma (afeto).

Na prática, o cuidado com o filho concretiza o amor paterno. Amor platônico ou por envio de ondas mentais só satisfaz o pai. O que a criança realmente sente, o que vai de fato fazer diferença para ela é o contato físico, o abraço, o carinho que toca sua pele.

O bebê requer muitos cuidados. Ele ainda tem um comportamento estilo vegetal. Nada consegue fazer sozinho. Tem força para sobreviver, mas depende totalmente de alguém que zele por ele.

Os animais cuidam instintivamente de suas crias, mas os humanos têm que educar seus filhos.

Às vezes, a mãe sente dificuldade em lidar com a criança. Acha-se incapaz, chora, morre de preocupação. Quando esses sofrimentos começam a prejudicar sua vida, pode estar apresentando um quadro de depressão pós-parto, que se cura com remédios e não deixa seqüelas. Portanto, se a tristeza for além do esperado, é melhor buscar auxílio médico.

A ROTINA DAS MAMADAS

Quando os pais começam a impor limites? Desde o início da vida. O bebê nasce já com a capacidade de sucção. Dentro da barriga da mãe, já é capaz de sugar o polegar. Depois do nascimento, esse é o reflexo responsável pela alimentação do bebê. Para mamar, ele deve ser ativo. A mãe lhe oferece o seio, mas é ele quem tem de sugar.

O bebê logo aprende que o momento da mamada é extremamente prazeroso. Ele sacia a fome e ao mesmo tempo recebe o carinho e a atenção da pessoa que é, para ele, todo o seu mundo. Além disso, o ato de sugar lhe dá também um enorme prazer, uma grande tranqüilidade.

Quando o bebê chora, está se comunicando. Pode estar com fome, com a fralda suja, sentindo frio ou calor ou simplesmente querendo o aconchego de um colinho. É a mãe que vai ensiná-lo a diferenciar essas sensações. Se a mãe oferece o peito a cada choro do bebê, estará ensinando a ele que todo desconforto deve ser resolvido daquela maneira, mas como nem sempre o bebê está com fome começará a usar o peito da mãe como chupeta.

Há uma grande diferença entre "mamagem" e "chupetagem". Tudo o que vai para a boca agrada nessa fase em que o centro do universo é a própria boca. Portanto, é natural que o bebê se acalme ao usar o seio da mãe como chupeta mesmo que a causa do desconforto não seja a fome.

É nesse momento que a mãe começa a impor limites educando o instinto biológico da fome. A mãe deve estabelecer intervalos de mais ou menos três horas entre uma mamada e outra e, conforme o bebê for crescendo, se possível, aumentar o intervalo para quatro horas durante o dia e seis à noite. Ninguém deve ser massacrado pelo relógio na tirania das mamadas nem deixar que o processo corra solto, sem nenhum critério.

Ao estabelecer os intervalos entre as mamadas, a mãe respeita o ritmo biológico do bebê. Assim, aos poucos, ele irá organizando a leitura automática da própria necessidade e aprendendo a lidar com o ciclo fome/saciedade.

Limites devem ser estabelecidos pela mãe também no momento da mamada. Ela não deve esperar que o bebê largue sozinho o seio, porque mesmo quando ele já está saciado pode querer permanecer agarrado ao peito só pelo prazer de sugar. Muitas vezes a mãe precisa ensinar o bebê a mamar (não a sugar, porque isso ele já sabe); deve ensinar que aquele momento é para se alimentar. O carinho, a atenção, o prazer também fazem parte, mas o objetivo daquele instante é a alimentação.

Quando a mãe percebe que o bebê não está mais sugando com eficiência e ainda não mamou o suficiente, deve estimulá-lo: mexer em seus pezinhos, falar com ele e até mesmo tirar uma peça de roupa da criança para evitar que ela se aqueça demais, o que acaba favorecendo o sono durante a mamada.

Além disso, pode fixar um tempo máximo para que ele permaneça no seio. Esse limite o próprio bebê ajudará a estabelecer. Há aqueles que sugam com muita eficiência, e dez a quinze minutos em cada seio podem ser suficientes, e há os que sugam mais devagar e podem precisar de 25 a trinta minutos em cada seio.

Quando o bebê suga com eficiência, a mãe dificilmente corre o risco de ter rachaduras nos seios. Na maioria dos casos em que a mãe fica com os bicos rachados, e até mesmo feridos, isso ocorre porque o bebê permanece no seio além do tempo necessário para se alimentar e o está usando como chupeta, ou não está pegando o seio corretamente.

A maior manifestação de saciedade de um bebê é seu sono tranqüilo.

Às vezes, é mais fácil oferecer o peito ou a mamadeira do que investigar a causa do choro. Com o tempo, o próprio bebê aprende a emitir o choro que representa fome. Se for agradado pela boca, pode não superar o problema e querer "comer" a qualquer hora. Atenção: a obesidade infantil pode estar começando já nessas primeiras mamadas!

Um bebê satisfeito é como um instinto saciado: fica dormindo.

ATENDIMENTO INTEGRAL AO BEBÊ

Os pais precisam aprender a linguagem do bebê. Ele se expressa através não só do choro mas também do corpo. Quando chora, há cinco passos que os pais podem seguir para compreender melhor o que está incomodando o bebê naquele momento.

São os passos de um atendimento integral e devem ser usados durante toda a educação dos filhos com as devidas adaptações aos diversos estágios de vida.

Ao ouvir o bebê chorar:

1. Pare! Volte a atenção para o bebê: ele está comunicando algo a você.

2. **Ouça!** O que esse choro em particular quer dizer? Fome? Sono? Fralda suja?

3. **Veja!** Como o bebê está se movimentando? Ele se contrai? Ele se estica? O que mais acontece em redor dele?

4. **Pense!** Considerando suas informações e o histórico do bebê, o que ele está comunicando?

5. **Aja!** Faça o que for necessário para o bebê. Alimentá-lo, distraí-lo, trocá-lo, agasalhá-lo...

PAZ DE CRIANÇA DORMINDO

A criança deve ter seu sono respeitado. Não é porque o pai chegou da rua que deve pegá-la. Deve esperar que ela acorde e depois ajudar a cuidar dela enquanto estiver acordada.

Criança não é brinquedo que a gente "liga" quando tem vontade e "desliga" porque se cansou. Adultos pegam muito a criança quando querem, mas depois não podem pegá-la quando a criança quer. Eis aí um problema.

Da mesma forma, não há por que acordá-la, pegá-la e passá-la de colo em colo só porque chegou visita, como se os pais quisessem exibir o "brinquedo novo".

Durante o sono, o bebê se mexe, às vezes geme e até acorda. No entanto, se ninguém correr a pegá-lo, em poucos segundos ele volta a dormir. Portanto, por mais que alguém insista, não vale a pena prejudicar a criança pegando-a no colo toda vez que ela acorda de madrugada.

Criança que dorme bem é mais feliz porque não sofre com a irritação de não conseguir dormir. É também mais independente. Quando chega o sono, ela se entrega e dorme onde estiver, seja num restaurante, seja numa festinha, seja com visitas em casa.

ONDE O BEBÊ DEVE DORMIR?

Essa é uma pergunta que ouço muito em minhas palestras. Na cama dos pais? Numa cama separada? Num quarto separado? Sozinho? Acompanhado de um adulto? Primeiro é preciso fazer um levantamento das condições da família.

Quando existe um quarto disponível só para o bebê, é preciso ter certeza de que é possível perceber o que acontece com ele ali dentro. Ao natural: portas abertas e comunicação fácil. Monitoração: transmissão de som e imagens através de aparelhos eletroeletrônicos.

Se há enfermeira, babá ou qualquer outra pessoa que durma no quarto do bebê para atendê-lo, então a mãe pode desligar-se um pouco e tentar dormir profundamente, quanto o corpo peça para se recompor. É preciso lembrar que é raríssimo conseguir oito horas seguidas de sono reparador...

Se nada disso for possível, o bebê inicialmente dormirá no quarto dos pais, mas o ideal, para a segurança dele, é que não seja na cama dos pais. Isso é importante inclusive para que o casal não perca a privacidade.

Mas calma! Não é porque o filho nasceu e se separou do corpo da mãe que tem de se afastar totalmente dela. Nos primeiros meses, para facilitar as mamadas noturnas, é mais prático para a mãe que o bebê fique no quarto dormindo num carrinho, num cestinho ou num berço.

O ideal é que o bebê aprenda desde cedo a dormir em seu lugar, mesmo que seja muito mais gostoso aninhar-se entre os pais.

Crianças maiores que já andam devem ter um lugar (ou quarto) próprio para dormir. Mesmo que ocasionalmente adormeçam na cama dos pais, é importante que sejam levadas a sua cama para que acordem lá. Não devem adquirir o hábito de dormir na cama dos pais.

Mas cuidado com a forma de lidar com essa questão. Dar indiretas, espremer a criança de encontro ao companheiro(a), assustá-la, agredi-la, constrangê-la não é bom, pois pode fazê-la se sentir rejeitada.

Tenha paciência e fale claro, em bom tom, olhando seriamente no fundo dos olhinhos dela: "Cada coisa no seu lugar, cada pessoa na sua cama!"

Quando a criança percebe que o limite é coisa séria e vai ser cumprido, procura se ajustar.

Ir cada um para a sua cama dá o sentido de que cada um tem seu território. Ajuda a compor o ritual do sono. E é preciso haver regras claras. A organização interna dos filhos fica muito prejudicada se dormir ou não na cama dos pais se transforma numa possibilidade que depende apenas do humor deles ou de quanto o filho se recusa a dormir sozinho.

O que não deve acontecer é o filhinho permanecer dormindo no meio dos pais quando já adolescente. Atrapalha a todos.

Por essa razão, é importante que aprenda, desde criança, a gostar do seu cantinho. O berço deve ser um lugar no qual ele aprecie ficar, e não o lugar onde "sempre me deixam sozinho". Os pais podem deixar o filho no berço e brincar com ele ali mesmo ensinando que aquele é um lugar gostoso de estar. Quando o bebê acorda, não deve ser tirado imediatamente dali. Muitas vezes acorda numa boa, sem choro, e os pais, por puro hábito, tiram-no logo do berço. Essa atitude acaba ensinando ao filho que berço é um lugar apenas para dormir, portanto, quando ele acorda, começa a chorar para sair imediatamente dali.

Quando o bebê acordar, aproxime-se, fale e brinque com ele, deixe-o movimentar-se dentro do berço, e só então pegue-o no colo. Dessa maneira você está ensinando seu filho a ser paciente quando acorda e a esperar quando não há ninguém por perto para pegá-lo naquele exato momento.

A criança com autonomia de sono é mais independente e feliz.

PAPAI AJUDA MAMÃE

Um dos grandes problemas da maternidade é a falta crônica de sono da mãe, sua impossibilidade de dormir bem. Quando a criança nasce, a mulher passa a não dormir direito, o que esgota o cérebro. Daí afloram dificuldades e doenças que estavam impedidas pelo sono. O sono é o grande reparador do cérebro.

Até por volta do sétimo mês, a maioria das grávidas dorme oito ou mais horas por noite, fora as cochiladas durante o dia. Conforme a gravidez vai chegando ao fim, grande parte das gestantes passa a ter dificuldades para dormir. Sono não falta, mas não é fácil se acomodar na cama, encontrar uma posição confortável. Muitas vezes a ansiedade vai aumentando com a aproximação da data provável do parto, tumultuando as noites de sono. A futura mamãe já está ensaiando para o que virá a seguir. Durante muito tempo não dormirá mais que quatro horas seguidas.

Imediatamente após o parto, a mãe fica tão ligada no bebê que nem dorme direito. Seu sono agora é descontínuo, portanto nada reparador.

O marido pode colaborar muito com a mulher na difícil fase do pós-parto, período que se estende por cerca de seis meses após o nascimento. O apoio e a compreensão são fundamentais tanto para benefício do casal como do bebê. A chegada do bebê traz muitas transformações à vida do casal, principalmente à da mulher, e é normal que isso gere desequilíbrios.

Um argumento muito usado pelo pai não integrado para não participar nem ajudar a mulher é o de que terá de levantar cedo para trabalhar na manhã seguinte. Alguns homens se propõem a dormir na poltrona da sala ou em outro quarto. Isso, no entanto, pouco serve de ajuda à mulher. Outros despertam com o choro do bebê, mas, em vez de levantar-se para atendê-lo, preferem acordar a mulher para que ela mesma vá ver o filho. O marido não integrado só agrava os problemas da mulher com o bebê. O esforço de integração do marido com a mulher é um gesto de amor que a ajuda muito nesse período.

BEBÊ: EMBALAR OU SACUDIR?

Criança é muito sensível ao toque. Acariciar suavemente um bebê que está no colo, com as mãos quentinhas, traz a ele tranqüilidade. Embalar também. No entanto, alguns adultos extrapolam.

Reparei uma vez numa babá que chacoalhava e sacudia o bebê para fazê-lo dormir. Fiquei imaginando o que estaria acontecendo com o cérebro da criança, com o pequenino e delicado estômago cheio de leite, como sairia a voz dela se estivesse cantando... Tive pena daquele bebê!

Imediatamente procurei com os olhos pela mãe. Lá estava ela, quase ao lado da babá, conversando feliz com uma amiga...

Talvez essa mãe não conseguisse sacudi-lo tão vigorosamente. Pobre criança! Nem bem nasceu e já era submetida a "esportes radicais".

O embalar, o ninar, o cantarolar, o tocar o bebê têm de ser tanto mais suaves e doces quanto mais novinho ele for. O bebê se sente bem com movimentos semelhantes aos que vivia na barriga da mãe. Movimentos lentos, para a frente e para trás, por exemplo, são familiares e trazem tranqüilidade ao bebê.

RESPEITO AO CRESCIMENTO DO BEBÊ

Muitos pais querem transformar bebezinhos em companheiros de viagens, farras, festas, restaurantes. Munidos de mamadeiras, fraldas, carrinhos e bebês-conforto, passam horas se divertindo. E os pequeninos junto.

Isso quebra a rotina infantil, tira totalmente a criancinha do ritmo e do ambiente que seriam naturais à sua idade.

Lugares como esses são contra-indicados para crianças de colo. Dar uma passadinha rápida em algum lugar apenas para cumprir uma obrigação social pode ser bem tolerado pelo bebê, mas ele não deve ser levado de lá para cá apenas para atender à vontade de se divertir dos pais.

*Criança que tem o desenvolvimento
biológico respeitado mais tarde
também respeita o que os pais
lhe dizem ou pedem.*

Criança hiperestimulada pode se tornar mais facilmente uma criança agitada. Depois os pais reclamam. Num domingo à tarde querem dormir, quando o pequeno insiste em passear.

Sair no domingo com a família pode ser uma atividade saudável para a criança desde que ela participe ativamente do passeio.

MAS QUE BEBÊ SIMPÁTICO!

O sorriso é uma das primeiras manifestações infantis que dão grande alegria aos pais. Por volta dos 3 meses, os bebês começam a sorrir para o mundo. É o orgulho dos pais: vai ser uma criança simpática!

Estudos mostram que a criança sorri porque reconhece rostos, figuras humanas. Como se gostasse das pessoas e, conseqüentemente, do agrado delas.

A percepção de outro ser humano é um dos primeiros sinais de religiosidade. Portanto, os pais devem aproveitar esse momento para estimular a criança, dizer coisas boas para ela. Mesmo não entendendo, ela guarda a sensação de que foi bem recebida e começa a interagir.

Seus recursos ainda são escassos se comparados com os de um adulto. Só um sorriso. Ela ainda precisa demais de gente grande.

HORA DA PAPINHA

Enquanto o bebê depende totalmente dos adultos, a responsabilidade dos pais é grande, mas não há muitos conflitos.

O desafio tem início quando a criança começa a mostrar vontade própria e contraria os pais. Um dos primeiros momentos em que isso acontece é quando a papinha é introduzida na vida do bebê (por volta dos 4 ou 5 meses de vida). É a partir do sexto mês que o aparelho digestivo do bebê está mais maduro e há menores riscos de cólicas com a introdução de novos alimentos.

O ideal seria que o bebê mamasse exclusivamente no seio até o sexto mês e só então as papinhas fossem sendo introduzidas devagar. Infelizmente, essa é uma realidade para apenas 30% das mulheres com filhos, muitas vezes por razões profissionais, outras por má orientação sobre amamentação.

Na hora de alimentar a criança, os adultos devem ser pacientes e não encarar o estranhamento inicial do bebê como rejeição. Esse é um vício do pensamento adulto.

No começo, a criança não sabe comer. Comer é um de seus primeiros gestos ativos, muito diferente de mamar com mamadeira ou no seio, o que preenche toda a boca. Tudo é estranho para ela: a textura, a temperatura, o sabor... Além disso, comer exige da criança um esforço neuropsicomotor. Ela ainda não sabe engolir. Deixa a comida escorrer pela boca.

A reação instintiva do bebê é tentar sugar a colherinha. Só aos poucos vai descobrindo como funciona o ato de comer. É uma fase de socialização elementar. Aprende coisas que mais tarde terá que fazer sozinho.

A grande vantagem de o ser
humano nascer sem saber nada
é que pode aprender tudo.

Os primeiros professores de um bebê são as pessoas que lhe oferecem cuidados. É com elas que ele cria seus primeiros vínculos. A troca constante de cuidadores, portanto, dificulta a formação de vínculos, que são, afinal, o caminho por onde passa o amor dos pais. O amor que chega ao bebê já começa a compor uma parte importante de sua auto-estima. E um dos principais componentes da felicidade, como sabemos, é a auto-estima.

TUDO VAI PARA O CHÃO

O dia-a-dia do bebê é cheio de surpresas. A cada dia ele aparece com uma nova conquista. Seu desenvolvimento neuropsicomotor vai lhe propiciando novas habilidades, que ele testa com os objetos e as pessoas que o cercam.

Primeiro o bebê consegue segurar, depois aprende a movimentar as mãos e rapidamente adquire a capacidade de arremessar os brinquedos para longe. O próximo passo será jogar a comida lá do alto do cadeirão.

Se a criança joga e os pais sempre a pegam, essa passa a ser uma brincadeira bastante divertida para o bebê e bastante cansativa para quem a recolhe. Jogar e obter de volta é, para o bebê, uma maneira de conhecer o mundo. Faz parte de seu desenvolvimento.

A criança não deve levar bronca por jogar a comida no chão, mas também não deve ser estimulada a transformar aquilo num divertido jogo de pais-gandulas.

Quando a criança atira longe um objeto e percebe que algumas coisas voltam e outras não, esse comportamento arremessador não é estimulado e tende a desaparecer com o desenvolvimento.

Mas, enquanto isso não ocorre, como a criança aprende que pode jogar brinquedo, mas não a comida?

Seu primeiro aprendizado em relação à alimentação é: *hora de comer não é hora de brincar.*

É claro que a alimentação deve ser para a criança um momento gostoso, mas o prazer deve vir da convivência familiar durante a refeição, e não das brincadeiras com a comida.

Mãe e pai precisam ensinar ao filho que não se deve jogar coisas na hora de comer. Dificilmente a criança entenderá isso desde o princípio, portanto não se pode agir com brutalidade, dar tapinhas nem gritar com ela. Nesse momento da vida, a criança não está querendo desobedecer aos pais, mas apenas explorar uma situação.

O bebê conhece o mundo experimentando, fazendo, testando.

Portanto, o aprendizado ocorrerá aos poucos.

O INÍCIO DA FORMAÇÃO DA AUTO-ESTIMA

Para aprender a não jogar comida, a criança precisa primeiro aprender o sentido do "não", o que não acontece de uma hora para outra.

As reações dos pais ensinam a criança a distinguir o "sim" do "não". Quando a criança brinca em seu quarto, faz gracinhas, os pais riem e brincam junto. Isso é um "sim". Quando está no cadeirão e tenta fazer o mesmo, os pais devem olhar para ela com expressão séria e dizer "não". Não é uma bronca nem deve soar como se fosse; é apenas uma delimitação.

A criança fica muito alegre quando brinca e interage, sua auto-estima melhora, é verdade. Mas nem por isso a auto-estima diminui ao ouvir um "não".

O "sim" e o "não" estabelecem limites para a criança, que aprende o que pode e o que não pode fazer. O que prejudica a criança é repreendê-la por algo que ainda não sabia que não podia fazer. Nunca poder é ruim, mas poder sempre também não é bom. O "sim" só faz sentido se existe o "não".

Saber a diferença entre "sim" e "não" confere à criança poder de decisão sobre suas escolhas, poder que alimenta sua auto-estima. Portanto, não são o "não" nem o "sim" que traumatizam a criança, mas o mau uso deles.

Não é o "sim" que alimenta a auto-estima nem o "não" que a enfraquece. O que deixa a criança feliz é o saudável poder de decisão entre o "sim" e o "não" que ela desenvolve.

Criança feliz sente prazer e é capaz de propiciar prazer a si mesma. Ela precisa dizer muitos "nãos" às próprias vontades que não podem ser realizadas e dizer um "sim" ao que tem capacidade de realizar. É nesse poder de decisão que se baseia sua felicidade.

> **Felicidade não é fazer tudo o que se tem vontade, mas ficar feliz com o que se está fazendo.**

Muitos pais dão alegria, saciedade, segurança e proteção aos filhos acreditando que assim os tornam felizes. Ninguém dá felicidade a ninguém. Se os filhos acreditarem que são felizes com o que ganham dos pais, estarão confundindo a verdadeira felicidade com a *felicidade dependente*.

Por ser dependente, já não é a verdadeira felicidade. Os filhos dependem primeiro dos pais, futuramente dependerão de outras pessoas, situações ou coisas para ser felizes.

A felicidade dependente é uma alegria, um prazer que deixa um vazio interior depois que passa. É a alegria esfuziante e radiante que surge quando se ganha um presente (ou quando se usam drogas), mas quando a alegria seguinte não vem a pessoa cai numa furiosa birra (ou em depressão se não obtiver a próxima dose). Quem tem acessos de birra ou depressão não pode ser feliz.

As mais variadas dependências, como de comida, calmantes, trabalho, drogas, demonstram quanto as pessoas sentem muito mais a saciedade do que a felicidade, pois ficam infelizes quando não conseguem saciar essas dependências.

Capítulo 3

"Filhos não nascem com manual"

Um dos argumentos a que muitos pais e mães se apegam para justificar a dificuldade de educar os filhos é o de que eles não vêm com manual.

Talvez imaginem que seriam melhores pais e mães se tivessem um manual que lhes indicasse o que deve ser feito com o filho a cada momento.

Acredito que ainda não se escreveu tal manual. Afinal, como poderiam as particularidades de cada um dos milhões de filhos existentes no mundo caber em regras preestabelecidas por alguém?

Filho não nasce com manual, pois é ele o próprio manual.

Tempos atrás, as pessoas não ligavam um aparelho elétrico enquanto não tivessem lido todo o manual. Os mais ousados se arriscavam a ligar o aparelho, mas já com o manual do lado para ir fazendo tudo o que ele recomendasse.

Atualmente, é raro um jovem ler todo o manual antes de mexer no telefone celular ou nos *videogames*, por exemplo. O jovem aprende a mexer simplesmente mexendo.

Embora os jovens também aprendam a usar a internet simplesmente usando-a, precisam adquirir alguns conhecimentos básicos, como saber o que são e como funcionam o *e-mail*, o ICQ, um provedor, as *home-pages*...

Raramente, no entanto, se encontra um jovem que saiba o que significa ICQ. Faça um teste: pergunte a um deles o que é ICQ. Será um bom pretexto para começar uma conversa. Como ler é viver e viver é aprender, vamos lá: leia letra por letra, em inglês: "ai, ci, kiu". Agora leia: *I seek you*. Pronto: ICQ significa "eu procuro você"!

Os pais podem compreender muito os próprios filhos aprendendo a se relacionar com eles. Precisam também adquirir os conhecimentos básicos do relacionamento com os filhos, aprender a linguagem deles.

Quando um jovem está navegando na internet e depara com algo que desconhece, tem a chance de pesquisar. Já os pais, ao ser pegos de surpresa por muitas situações provocadas pelos filhos, não têm a chance de dizer "espere um pouquinho aí, filho, enquanto pesquiso como agir com você".

Portanto, é fundamental que os pais estabeleçam as bases sobre as quais apoiarão a educação dos filhos. Essas bases serão os alicerces das novas casas a ser construídas. Como os filhos são diferentes entre si, cada casa poderá ter o próprio estilo de vida e arquitetura, mas sem alicerce qualquer ventania ou temporal poderá derrubá-la.

É no dia-a-dia que os pais aprendem como é cada filho. Para esse aprendizado, é fundamental que tenham consciência de que são os principais e insubstituíveis educadores de seus filhos. Existe um procedimento básico que cada pai e cada mãe deve aplicar a cada filho e que lhe propiciará um leque muito amplo de desenvolvimento relacional.

NOVAS BASES RELACIONAIS

Esse procedimento vale para qualquer relacionamento entre pessoas de qualquer idade, mas tem fundamental importância na formação da auto-estima se aplicado pelos pais desde que a criança nasce.

Para o atendimento integral a uma criança, são cinco os passos: parar, ouvir, olhar, pensar e agir.

1. **Parar.** Parar o que estiver fazendo ou pensando e dar atenção total à criança. Caso não possa parar naquele exato momento, vale colocar uma das mãos no ombro da criança enquanto diz que logo vai atendê-la. A criança deve ficar esperando ali, juntinho de você. Pode ser que ela queira sair para voltar logo depois. Se a iniciativa de sair for da criança, a responsabilidade de voltar será dela. Mas deve evitar ao máximo dizer para a criança ocupar-se com outra coisa enquanto você termina o que está fazendo. Nem sempre ela volta outra vez pelo mesmo motivo.

É também fundamental deixar de lado idéias preconcebidas sobre o que a criança vai falar. Se você pensa "lá vem aquela chata me encher outra vez!", seu cérebro já está preenchido em parte com esse pensamento, e você perde a chance de atendê-la integralmente.

2. **Ouvir.** É a parte racional. Os pais devem olhar no fundo dos olhos da criança, como se a ouvissem com os olhos. A criança precisa aprender a se expressar. Não se deve tentar adivinhar o que ela quer. Quando pede alguma coisa, está desenvolvendo sua capacidade de pensar, de formular uma pergunta e de se expressar para que outras pessoas possam compreendê-la.

3. **Olhar.** É a parte instintiva. Num piscar de olhos, uma pessoa consegue ver tantas coisas que levaria muito tempo explicá-las em palavras. Tudo o que se percebe visualmente também tem que ser considerado para compreender a criança.

4. **Pensar.** Todos os elementos percebidos tanto visualmente quanto verbalmente, mais o sentido educativo que se

queira imprimir na formação da criança, devem fazer parte da resposta a ser dada. Sentido educativo é o objetivo a ser atendido com a educação que está sendo dada.

(Quer que o filho seja egoísta? Coloque-o sempre em primeiro lugar em detrimento dos outros e diga sim a todos os seus desejos. Quer que ele seja feliz? Ajude-o a desenvolver a satisfação pelo que é e pelo que consegue fazer, a tolerância, a compreensão dos outros, a vontade de ajudar a quem pede e a ética do bem.)

5. Agir. Essa ação ou resposta deve ser bem clara e objetiva. Melhor ainda se você puder se assegurar de que a criança realmente saciou sua vontade.

Pode ser que a mãe ou o pai achem muito complicado responder dessa maneira cada vez que seus dois ou três filhos os atropelarem com perguntas.

Em palestras eu brinco dizendo que quando um adulto está aprendendo a escrever ele escreve com a língua, isto é, para movimentar a mão que segura o lápis ele mexe a língua simultaneamente ou vai falando em voz alta o que está escrevendo. Depois de muita prática, adquire uma escrita como a de um médico, ou seja, que só o farmacêutico entende...

Da mesma forma, quem atende uma criança também vai adquirindo prática, e sua ação integradora surge quase automaticamente. Portanto, a resposta "bateu, levou!" é muito inadequada, pois mostra impulsividade. *Respostas ou ações impulsivas servem mais a quem atende do que à criança.*

Esse procedimento vai ganhando particularidades ao longo dos anos que só comprovam que, por mais filhos que o casal tenha, cada um reage e pode ser atendido como filho único.

Um filho não morre por esperar um pouco.

Logo, não há necessidade de largar tudo e sair correndo para acudi-lo. A criança será mais imediatista quanto mais imediatistas forem os pais. Nesse caso, não aprende a distinção entre o essencial e o supérfluo.

FILHOS SÃO COMO CARROS DE CORRIDA

Desde pequeninas as crianças podem ser comparadas a carros de corrida. Vivem correndo em volta ou próximo dos pais e fazem *pit-stops* quando precisam se abastecer de cuidados, carinhos, beijinhos, ser ouvidas, ser vistas etc.

É nos *pit-stops* que os pais devem aproveitar para praticar o atendimento integral e seus cinco passos. O que acontece quando um piloto pára no *pit-stop* e os mecânicos estão ocupados com outro carro ou quando o piloto não diz qual é a falha a ser corrigida? E se todos os mecânicos tentam adivinhar do que o carro precisa? E se o piloto pede somente combustível porque não percebeu que o pneu está murcho? (Aqui entra o olhar dos mecânicos.) É um desserviço trocar os pneus se eles ainda estão bons, por mais que seja esse o serviço preferido pelos mecânicos.

Quanto melhor for o atendimento, menos tempo a criança fica parada no *pit-stop*. Com a experiência acumulada, os *pit-stops* vão diminuindo de número e tempo de permanência na mesma proporção em que aumenta a auto-estima da criança.

A auto-estima é o combustível que vai sustentá-la cada vez mais, fazendo-a dar voltas cada vez maiores e mais demoradas.

Quanto maiores a auto-estima e a capacitação para a superação de obstáculos, maior será a autonomia dos filhos.

Quanto maior o tempo parado no boxe, maior a encrenca do carro. Quanto mais os filhos solicitam a atenção dos pais, maiores são suas carências.

Quando os pais não deixam as crianças brincar nem correr em paz como só elas conseguem, é como se não deixassem o carro andar pela pista. Não se admite que um carro de corrida ande somente acompanhado de perto pela oficina e pelos mecânicos.

Com o crescimento, as voltas vão se tornando maiores até que chega a adolescência e os filhos passam a circular em território próprio. Os pais não acompanham mais os próximos percursos, nos quais a sociedade oferece *pit-stops* bons e ruins. Os piores são os "postos de venda de drogas", ambientes *legalize* (adotado do inglês, com significado próprio de "permitido o uso de drogas") etc. Locais como esses escapam ao controle dos pais.

Quanto melhor for a auto-estima, menos os filhos aceitarão parar nesses *pit-stops* ruins para a qualidade de vida.

O DESAFIO DE EDUCAR

Educar não é deixar a criança fazer só o que quer (buscar saciedade). Isso dá mais trabalho do que simplesmente cuidar porque equivale a incutir na criança critérios de valor.

A criança é regida pela vontade de brincar, de fazer. A cada movimento, está descobrindo coisas, num processo natural de aprendizagem. Junto entram os valores.

Construir uma casa é muito mais fácil do que reformá-la. Reformar, no caso de um filho, seria o mesmo que sempre dizer "não", para algo que ele já fez muitas vezes. Melhor ensinar aos poucos.

Quando quer fazer alguma coisa, a criança observa a reação dos pais; se ouve um "não", insiste. Quer testar se o que dizem é mesmo para valer — até incorporar a regra. Leva algum tempo, mas ela aprende. Então aquele critério de valor passa a fazer parte dela.

É interessante notar como desde tenra idade a simples repressão já não funciona. É preciso estabelecer uma diferença ao incentivar o comportamento certo. A simples aprovação é uma recompensa para a criança, como o silêncio é uma permissão.

Quando já adquiriu movimentos próprios, a criança precisa aprender o que pode e o que não pode fazer. Ao caminhar, tem de saber que convém desviar-se da mesa e da cadeira.

E quando a criança cair no chão os adultos não precisam sair correndo, desesperados para socorrê-la, a menos que se machuque seriamente. É importante avaliar o que aconteceu de fato. Por estranhar a situação, a criança pode chorar sem nem mesmo estar sentindo dor. Use o método pare, escute, olhe, pense e aja!

E pode nem ter sido um tombo. Crianças pequenas costumam cair por não saber parar. Ficam de pé, andam, disparam, mas não sabem brecar. Então jogam-se no chão para parar. E mãe e pai correm a acudir pensando que foi uma queda perigosa.

Ela tem de aprender que podia não ter caído ou esbarrado na mesa. Não foi o chão nem a mesa que a derrubou. O tapinha que os pais dão no chão — "chão feio!" — passa a idéia equivocada de que o agrado tira a dor e dá a falsa sensação de que a criança está certa.

A afobação e a reação exagerada dos pais geram insegurança na criança.

Tampouco sou favorável a que se limpe o caminho da criança tirando-se mesas, cadeiras e tudo o que for preciso para que ela não se machuque. Talvez ela se choque uma ou duas vezes contra a mesa, mas aprenderá a ter cuidado. O que pode atrapalhar é os pais "brigarem" com a mesa, dando-lhe tapinhas recriminadores enquanto dizem "mesa feia!".

Nas voltinhas futuras e maiores que os filhos vão dar, na escola, por exemplo, os pais não poderão dizer "escola feia" cada vez que não se saírem bem. Na adolescência, as voltinhas sociais serão ainda maiores, longe das vistas dos pais, que não poderão dizer que "os errados são suas más companhias". Quando seus *pit-stops* em casa já não os satisfizerem, os filhos farão paradas em outros lugares. Então dependerão muito mais do que têm dentro de si mesmos que dos pais. Poderão encontrar combustíveis melhores ou piores, e um dos combustíveis mais perigosos são, como já dissemos, as drogas.

TUDO VAI À BOCA

Assim que nasce, o bebê recebe a vida biológica pela boca e o carinho pelo corpo. Quando começa a demonstrar mais iniciativa e perceber o mundo em volta, passa a esticar os braços em direção ao que deseja. Assim que aprender mais, já levará o que deseja para a boca, que continua sendo seu principal meio de conhecer o mundo.

Quando o bebê não gosta do sabor de alguma coisa que põe na boca, na próxima vez já o identifica como algo ruim e o rejeita mesmo que a mãe insista. Ele está adquirindo conhecimento e tem de ser respeitado.

Quando engatinha para a frente ou para trás, seu alcance fica maior e com isso aumentam as chances de colocar na boca tudo o que encontra pela frente. Em geral, nessa fase o bebê já repete a reação dos pais.

É importante que os pais fiquem atentos. Quando perceberem que o bebê pôs na boca algo que não devia (bichinhos, insetinhos, madeirinhas, pilhinhas, tampinhas, preguinhos e tantos "inhos" mais que ele conseguir), os pais devem ser firmes, mas não bravos nem violentos, ao dizer "caca". Em seguida, devem pegar o objeto perigoso e jogar no lixo. O bebê está aprendendo a não pôr "caca" na boca e a jogá-la no lixo. Muitos, ao ver a "caca", imitam a cara de reprovação dos pais ao pô-la na boca.

REIS E RAINHAS MIRINS

A vontade de agradar a uma criança é natural. Ocorre em quase todas as espécies animais. Nasce um filhotinho, e todo o bando corre a dar uma cheirada.

Gente é mais curiosa. Gosta de pegar, agradar, brincar, cutucar.

Mas há uma diferença básica entre o ser humano comum e os pais. Estes têm que saber se o que estão fazendo é educativo ou não.

Não deve ser nada fácil para um pai ou uma mãe receber críticas de outras pessoas sobre o modo como educam os filhos. Mas, se costumam atender a todas as vontades da criança, ela provavelmente fará o que quer onde não pode, como em restaurantes e locais públicos.

Então os pais acabam recebendo críticas silenciosas através de olhares recriminadores e comentários do tipo: "Ai, que criança mal-educada!"

Há pais que se orgulham do que o filho faz, não importa o que seja. Se ele resiste ao "não", chegam a manifestar uma ponta de orgulho: "Esse garoto tem personalidade! Vai ser um verdadeiro líder!"

Alguns pais preferem distorcer a realidade para manter a inadequação do filho. Para poupá-lo, jogam a culpa nos outros.

O filho caiu, deveria ter tomado mais cuidado. Mas não, para esse tipo de pai o chão é que precisa apanhar.

Os pais devem prestar atenção em sua reação, pois o filho vai copiá-la. Assim, se entram em pânico porque o filho de 1 ano caiu sentado, quando ele cair outra vez poderá chorar. Mas, se os pais encararem naturalmente o ato de cair sentado, na próxima vez que cair o filho poderá se levantar sozinho e continuar sua "corrida".

Depois de uma briga entre irmãos, os pais fingem bater no maior para que o menor tenha a sensação de que foi vingado. Essa é uma das melhores maneiras de perpetuar a violência com a lei do mais forte, com o machismo.

Futuramente os pais dirão ao diretor da escola: "Mas qual é o problema de o meu filho ir sem uniforme?" Ou:

"Qual é o problema de ele chegar atrasado todo dia se tira notas boas?" Nessa frase fica implícita a mensagem educativa: "Quem tem dinheiro pode tudo".

Infelizmente, esse tipo de pai tenta mudar a escola para que ela também aceite a inadequação de seus filhos. Filhos que eles, pais, não souberam educar. Como podem mudar algo no âmbito social quando os filhos estão assim tão fora de seu alcance?

Mas pagarão o preço. Pelo ciclo natural da vida, os pais jovens são poderosos. Amanhã, fragilizados pela velhice, vão depender desse filho que nunca aceitou as regras da vida. Terá o filho condições de cuidar dos próprios pais que tanto cuidaram dele?

PAIS QUE DEIXAM O FILHO GANHAR O JOGO

As crianças têm uma sabedoria natural. Brincam e competem de acordo com os conhecimentos e as capacitações de que dispõem.

É mais fácil para o pai brincar como se fosse criança e deixar o filho ganhar sempre. Esse comportamento, contudo, dá à criança uma visão irreal do que é jogar. Ganha-se algumas vezes, perde-se outras.

Essa dinâmica pode ser transmitida ao escolher ora atividades em que o pai é bom, ora atividades em que o filho é melhor. O pai joga damas como ninguém. E o filho sai perdendo. Parabéns para o pai! Num *videogame*, o filho ganha e o pai perde. Parabéns para o filho! Assim se aprende que as pessoas são boas em algumas coisas, mas não em tudo.

*Mães e pais fazem de tudo para
agradar a seus filhos
mesmo que os deseduquem.*

Pô-los no colo enquanto dirigem o carro, por exemplo. A criança segura o volante e tem a falsa sensação de que está no comando do veículo. Mas é um poder irreal. Não corresponde à verdade.

Se ela dirige um carrinho de brinquedo, sente-se com toda a razão poderosa. Mas no colo dos pais a sensação de poder é falsa, pois dirigir ainda é inviável para ela.

Isso sem falar no risco que a criança corre de morrer esmagada entre o pai e o volante, caso haja um choque frontal, ou espremida pelo *air bag*. Claro, acidentes também são imprevisíveis e nem sempre dependem dos cuidados dos pais. Mas, quando esse filho que começou a "dirigir" tão cedo cresce, com 14 ou 15 anos já quer sair com o carro do pai. Por que não se quando criança podia?

O PRAZER DE ESTAR LIMPINHO...

Em minhas palestras, é comum mães e pais comentarem ter dificuldade de fazer o filho escovar os dentes ou tomar banho. *As crianças têm grande prazer de entrar em contato com a água.* Os pais devem usar essa característica para estimular o banho e mostrar como é gostoso ficar limpinho.

Por ser obrigatório o banho não deve tornar-se chato. Tudo depende do clima do momento. Se quem der banho no filho estiver com pressa, não dará certo. Dever haver tempo, no fim de semana ou nas férias, e não quando o pai ou a mãe já está em cima da hora de ir trabalhar e ainda precisa deixar a criança na escola.

Muito educativo é ensinar a criança a tomar o nosso "banho corrido de cada dia" e um "banho comprido de fim de semana".

Às vezes, o filho dorme antes, enquanto os pais ainda estão envolvidos com seus afazeres. E a mãe, frenética — em geral, o banho ainda é tarefa da mãe — e maníaca por limpeza, acorda a criança para o banho. Não é uma medida recomendada. Ficar um dia sem tomar banho não mata ninguém. O que não se pode é estragar o gosto da criança pelo banho.

A criança fica satisfeita quando toma banho sozinha. É importante dar liberdade a ela de se ensaboar e apenas ir guiando seus passos — "Não esqueça atrás da orelha... Limpou a sola dos pés?" —, e não o pequeno ficar só brincando enquanto a mãe o ensaboa.

É também preciso estabelecer um prazo no chuveiro. Do contrário, o filho só fica brincando e não toma banho. Não dá para decretar: "Agora chega, saia e ponto final". Avise alguns minutos antes de o tempo se esgotar. Ao entrar no banheiro, peça para a criança sair. "Vamos saindo. Vou contar até 3..." No 3, ela já saiu.

O limite de tempo é importante. Do contrário, seu filho achará que, se tiver vontade, poderá ficar mais no banho e, se não tiver, nem precisará se lavar. Assim extrapola, achando que banho não é uma coisa essencial. Se não está com vontade de brincar, não toma mesmo, nem que seja rapidinho, nem com a ajuda da mãe.

...E COM OS DENTES BRANQUINHOS!

Com relação à limpeza dos dentes, o procedimento é o mesmo: ensinar a criança desde cedo a ter esse hábito saudável. Existem mães que se mostram ótimas "escovadeiras" até o filho completar 20 aninhos. E há ainda as que fazem verdadeiras faxinas cada vez que a criança come alguma coisa. Desde sempre, a mãe e o pai devem ir mostrando como usar a escova e também o fio dental. Antes dos 5 ou 6 anos, será difícil para a criança fazer tudo sozinha porque não tem muita coordenação. Mas já pode começar a aprender. É escovando sozinha que ela aprende. Quem sabe escovar aprendeu escovando.

O adulto deve acompanhar e orientar, do contrário as crianças escovam sempre o mesmo lugar. Gastam sempre o mesmo dente e do mesmo jeito. A mãe vai fazendo e ensinando que a escova tem de varrer na frente, atrás, em cima, embaixo.

> Quanto mais paciência os pais tiverem para ensinar, maiores serão os lucros, pois a criança responde desenvolvendo o gosto de ter os dentes limpos.

Dizer simplesmente "se você não escovar os dentes, vai ter cáries" não funciona. Ainda não estão claras na cabeça da criança as relações de causa e efeito. E, sobretudo, não se deve usar essa afirmação para que a criança decida por si mesma se vai querer ou não escovar. Elas ainda são pequenas demais para entender as conseqüências desse tipo de ação e arcar com elas. Cabe às mães e aos pais organizar sua rotina.

Às vezes as crianças fazem coisas para agradar aos pais. É uma direção a seguir, um estímulo para fazer a coisa certa. O que não se pode é deixar as obrigações a cargo da vontade dos baixinhos porque um dia eles vão querer escovar os dentes, outro não...

De modo geral, se o adulto escova os próprios dentes diante da criança, ela escova também: agora para baixo, agora para cima, brincando. Junto com o lúdico vem o aprendizado. Se ficar chato, a criança se recusa a fazer. Mas, se o pai não escova os próprios dentes, fica difícil convencer a criança a fazê-lo.

O ser humano tem a possibilidade de tornar brincadeira hábitos que são obrigatórios.

GUARDANDO OS BRINQUEDOS

Naturalmente, crianças não gostam de bagunça. Elas gostam de reunir coisas, enfileirá-las, pôr ordem nelas, encaixar tudo. Entretanto, elas se acostumam com o que vêem em casa. Quando predomina a desordem, passam a achar que o natural é a bagunça. Portanto, acabada a brincadeira, pai e mãe devem determinar: "Agora vamos brincar de arrumar".

Não posterguem. O que tem de ser feito deve ser feito. A mãe recolhe alguns objetos e os guarda, mas a criança também tem de colaborar.

Ela aprende imitando, e não sob orientação verbal. Não dá para exigir que os pequenos sejam ordeiros com seus brinquedos se eles vêem que a casa é sempre uma bagunça.

Por isso, em algumas situações, o educador precisa primeiro se educar para depois incutir algo no filho.

O ser humano tem em si a capacidade de mudar. Não somos como animais, que agem de forma predeterminada.

Uma vez que adquire consciência da inadequação de seu ato, o ser humano demonstra a tendência natural de melhorar. O que não se pode é dizer a um filho: "Você é um bagunceiro e não tem jeito". Ninguém está condenado a ser como é para o resto da vida nem a aceitar de forma passiva ou conformada a inadequação.

A criança precisa aprender a se organizar para viver bem.

Para ser feliz, a criança precisa desenvolver no dia-a-dia um critério interno do que é certo ou errado, adequado ou inadequado e do que é essencial ou supérfluo.

Com esse critério interno, a vida da criança melhora muito, pois sua auto-estima vai crescendo à medida que vence os desafios. Ela não fará somente o que já sabe fazer. Repousar no sucesso, que é transitório, não traz felicidade para ninguém. Principalmente nessa idade, em que abrir-se para aprendizados é essencial. Para quem sabe fazer, o difícil se torna fácil.

Muitas atividades obrigatórias são chatas para a criança justamente por ainda não ter o conhecimento nem a prática de como fazê-las.

As crianças são naturalmente apressadas para descobrir tudo. Mas quando são muito apressadas não querem perder tempo com atividades que dêem trabalho ou sejam demoradas. O que amadurece saudavelmente uma criança é o leque de aptidões desenvolvido. Portanto, reforços, elogios e prêmios devem ser justos e mais recompensadores quanto mais difícil, trabalhosa ou demorada for a atividade.

Uma criança saudável suporta bem as obrigações e sabe tirar bom proveito daquilo que aprecia.

QUEM NÃO CUIDA DO QUE TEM...

Quando a criança, mesmo tendo conhecimento de que deve guardar seus brinquedos, recusa-se a fazê-lo, está na hora de aplicar o sistema coerência, constância e conseqüência de educação*.

Castigo, como primeira medida, não educa uma criança folgada. O que educa é assumir as conseqüências de seus atos.

Castigos estão diretamente relacionados ao estado de paciência e humor dos pais, que invariavelmente repetem os mesmos erros, como mandar a criança para o quarto, não deixá-la ver televisão nem jogar *videogame*, pô-la de castigo em algum canto, tirar do seu quarto aparelhos e objetos de lazer, gritar com ela, passar-lhe sermões, dar-lhe uns beliscões e até mesmo uns sopapos. Que relação existe entre o castigo de não assistir ao programa favorito de TV e não ter guardado o brinquedo?

Assim que perceber que a criança não guardou o brinquedo ou não quer guardá-lo, é preciso dizer em tom sério (não com um grito nem com agressividade, pois a razão está com você): "Vou contar até 3 para você guardar esse brinquedo. Se quando eu chegar ao 3 você ainda não tiver guardado, vamos dar o brinquedo para uma criança carente. Se você não quer cuidar dele, tem gente que eu sei que quer es-

---

* Para saber mais sobre esse sistema educativo, leia *O executivo & sua família* (Editora Gente).

se brinquedo". Geralmente a criança guarda antes de chegar ao 3. Mas, se não guardar, pegue o brinquedo enquanto diz "você acaba de perder este brinquedo" e deixe-o num lugar inacessível a ela. Na primeira oportunidade, acompanhe seu filho para que ele faça a entrega do brinquedo a uma criança carente. *A conseqüência é perder o brinquedo do qual não se cuidou.*

O que não é adequado é aceitar que a criança corra para guardar o brinquedo depois que a contagem ultrapassou o 3. Perdeu o prazo? Que arque com as conseqüências. Tudo tem limites. Não cuidou do que é seu? Perdeu!

O que põe por terra esse método é fazer o brinquedo aparecer magicamente depois, seja sob qual pretexto for. Nada de devolvê-lo só porque a criança aprontou um escândalo ou prometeu que na próxima vez o guardará direitinho. Essa próxima vez jamais chegará! Se os pais não cumpriram o que disseram, por que a criança precisa cumprir o que prometeu?

Contar até 3 dá tempo para a criança largar o que está fazendo, refletir e tomar uma atitude.

Doar o brinquedo não cuidado para uma criança carente é um gesto de cidadania.

O grande aprendizado é: quem não cuida do que tem vai perdê-lo.

PAIS COMO ELEFANTES EM LOJA DE CRISTAIS

Bebês e crianças pequenas já "dizem" coisas. Mãe e pai precisam "ouvi-los" em vez de só impor regras e fazer cobranças.

Se a expressão do filho mudou de repente, isso significa que você fez algo que o atingiu, embora essa talvez não fosse sua intenção.

A psique humana é como uma loja de cristais caríssimos. Mãe e pai às vezes se comportam como elefantes lá dentro. O barulho, a quebradeira, o estrago ocorridos ali são percebidos pela alteração súbita da expressão da criança.

Os pais podem ficar sossegados. Não é qualquer agressão que vai destruir a loja inteira, mesmo porque essa loja é enorme.

Mas não precisam repetir os mesmos movimentos arriscados. Prestem mais atenção na próxima vez.

As crianças dão muitas oportunidades para os pais errarem, mas as que eles têm de acertar são maiores.

O medo de errar faz o elefante andar rigidamente. Não há pais que queiram errar com os filhos, pelo contrário. Por medo de errar é que acabam errando, pois não estabelecem limites. Só um erro não traumatiza. O que distorce tudo é os pais freqüentemente deixarem de agir quando necessário.

A vida oferece muitas oportunidades de compensar o prejuízo.

Uma atitude adequada tomada em relação a um filho nem sempre é percebida na hora, e sim pelos resultados que se observam ao longo do tempo. Educar dá trabalho, e os bons frutos, na grande maioria dos casos, são tardios.

Uma criança feliz não é chata. Ela se satisfaz com as coisas que faz, não exige que o outro seja a fonte de sua felicidade.

Criança feliz é como um carro de corrida: só faz *pit-stop* com os pais para se abastecer. Quanto mais saudáveis forem os filhos, mais exploram o mundo em velocidade condizente com o local e menos desastres provocam na loja de cristais.

Capítulo 4

Situações críticas

Muito envolvidos com o trabalho e as obrigações diárias, mãe e pai às vezes perdem o fio da meada educativa. E se surpreendem com ações e reações inesperadas dos filhos, que podem começar com quase nada e chegar a proporções catastróficas.

> Situações críticas são as grandes dificuldades que podem surgir concentradas em curto período de tempo.

Na realidade, são várias pequenas situações que vão se desenvolvendo e se transformando em dificuldades. A família vai se acomodando e absorvendo tais dificuldades pelo anestesiante convívio cotidiano. Como em qualquer outro meio, dificuldades simplesmente acomodadas e não resolvidas vão se acumulando sob o tapete da rotina.

Tudo que se acumula um belo dia transborda. É a famosa gota que faz entornar a água. O que sai do copo não é somente a gota final, mas toda a água até então acumulada.

Numa família não é diferente. Não é na última prova do ano que o aluno é reprovado. Desde as primeiras provas, o inteligente mas folgado filhinho vai deixando para estudar nos últimos instantes e acaba mal. Repete esse mesmo esquema em outras provas e no final do ano já não há tempo de recuperação.

O mesmo ocorre com os primeiros "nãos" que o danado do filhinho não ouve. Depois não atende ao que lhe é pedido. Ele ganha um apelido, velada ou declaradamente, e tudo vai se acomodando: "Afinal é um folgado, não tem jeito mesmo!" Essa folga é a semente da delinqüência...

As dificuldades podem ser resolvidas muito facilmente enquanto são pequenas. Tais resoluções são mais que necessárias para uma família viver feliz.

Entretanto, sejam quais forem as situações críticas, sempre pode existir uma forma diferente de enfrentá-las para buscar melhor solução.

A CHEGADA DE UM IRMÃO

As crianças têm que participar da chegada de um irmão. Mesmo que os pais não contem que um irmão está a caminho, o filho percebe o rebuliço. E se for deixado de fora, na aparente inocência feliz, sente-se traído e enganado.

É melhor enfrentar a situação e ir ajustando as coisas com tempo. Um bom preparo antes do nascimento alimenta o carinho pelo irmão depois.

Todas as mudanças devem ser feitas, de preferência, antes de o bebê chegar. Por exemplo: tirar a chupeta, mudar de berço ou de quarto, passar a ir para a escola. Desse modo, o filho maior não associa o fato à chegada do bebê. "Tive que abandonar meu reinado para ser tomado por outro..."

Mesmo porque os comentários típicos não ajudam nada: "Nossa, como você é grande. Não precisa mais de chupeta. Olhe como seu irmão é pequenino!"

É um privilégio para o mais velho poder continuar fazendo o que fazia. Não se deve privá-lo de sua rotina.

E todos os presentes que os pais quiserem dar para o maior, que dêem dizendo que foi o bebê mais novo quem mandou entregar.

Sentindo-se garantido em seu território,
o mais velho não hostiliza o mais novo
nem o encara como ameaça.

Os pais podem deixar o mais velho pegar o irmãozinho no colo com todo o cuidado, lógico. E pedir, inclusive, que ele ajude um pouco a cuidar do menor.

Os problemas, em geral, surgem quando o segundo filho passa a se movimentar sozinho e começa a mexer nas coisas do mais velho.

Os pais devem lembrar ao primeiro filho que ele sabe coisas que o menor ainda não sabe, e os três juntos, pai, mãe e filho, criam então uma estratégia para que o pequeno não mexa mais nas coisas do mais velho.

CADA FILHO É ÚNICO!

O grande sonho dos pais é que os filhos sejam felizes e unidos como unha e carne. Muitos acreditam que esse sonho se realizará caso não privem nenhum filho de nada, isto é, tudo o que dão para um filho sentem-se obrigados a dar, igualzinho, também para os outros.

Entretanto, ninguém gosta de ser exatamente igual a ninguém. Para marcar as diferenças, os irmãos vão se engalfinhar: é unha de um na carne do outro.

É também importante saber que nem tudo o que aconteceu com o primeiro acontecerá com o segundo. Logo, o que foi bom para o maior talvez não sirva para o menor.

Mesmo nascidos do mesmo pai e da mesma mãe, os filhos nunca são iguais porque a disponibilidade do casal e a disposição da família são diferentes conforme a idade e a etapa de vida.

Cada um dos filhos deve ser tratado como se fosse único.

Os pais facilitam muito o convívio entre os irmãos quando conseguem resistir à tentação de comparar os dois. Em geral, essa comparação é lamentável. Sempre um sai ganhando e o outro perdendo. Elogios podem ser bem-vindos para alguns filhos, porém que venham sem constranger os outros.

É muito comum os pais comentarem comigo: "Não sei por que esse filho me dá tantos problemas se teve a mesma educação que os outros". Geralmente esses pais ficam atordoados, pois sentem ter feito tudo certo, mas o resultado não é o esperado.

A base desse raciocínio é que está errada. O primeiro filho não teve um irmão mais velho nem o segundo é o mais velho. Numa família de três filhos, o do meio é único porque nem é o mais velho nem o mais novo. Cada filho tem um modo diferente de ver o mundo e de estar nele.

Somente isso já é suficiente para destruir qualquer teoria sobre justiça baseada em igualdade de condições proposta pelos pais.

FILHO ÚNICO

Atualmente, há mais de 7 milhões de filhos únicos no Brasil. As dinâmicas internas das famílias brasileiras estão mudando bastante. Os pais que trabalham fora já não convivem tanto tempo com o filho, por isso no pouco tempo em que estão juntos querem agradá-lo. "Já passamos tanto tempo longe e quando estamos perto ainda vamos ficar pegando no pé dele?" Esse é o pensamento de compensação da maioria dos pais. Assim, estes tornam-se muito mais recreativos que educativos.

O filho único recebe sozinho tudo (de bom e de mau) o que normalmente seria repartido com os demais irmãos caso os tivesse. Essa situação se amplifica quando o filho único também é o neto único de quatro avós vivos.

É uma educação preventiva para ele, pois muitas dificuldades poderão surgir: ser supermimado e superdependente, tornar-se o centro das atenções, querer tudo para si, achar que os outros estão ali para servi-lo, só comer porcaria, não ter ritmo para nada, ser incapaz de superar dificuldades sozinho, chorar, gritar, agredir, embirrar quando contrariado, agir por impulso, querer sempre ter razão etc.

Se os pais têm muito dinheiro, vão dar tudo o que têm para os filhos? Uma mesada astronômica? Pais adequados dão o que os filhos precisam e não o que têm o poder de dar. Pais inadequados costumam dar dinheiro no lugar de diálogo, convivência, acompanhamento do dia-a-dia.

É muito mais fácil dar dinheiro que educar, mas o sorriso de uma criança não se compra...

Dois adultos que trabalham para dar tudo a um só filho podem facilmente cair no exagero, atrapalhando a educação da criança. Nada gratifica mais os pais que provocar no filho um sorriso de satisfação. Têm a impressão de estar fazendo o filho feliz. O que um filho deve ter de carinho, brinquedos, dinheiro, de solicitude absoluta dos pais, ou seja do que for, não deve ser medido pelas possibilidades de atendê-lo, mas do que o filho necessita, merece.

Nenhuma criança consegue ser feliz atropelada pelos presentes que chegam todos os dias. Ela poderá se tornar uma obesa de brinquedos. Fica estimulada por uma fome de brinquedos nessa idade e, mais tarde, sentirá fome de outras coisas.

Mesmo que um dos pais tenha todo o tempo do mundo, não deve ficar grudado no filho. Para crescer, a criança precisa de algum tempo só dela.

Seria muito bom se os pais pudessem favorecer o convívio de seu filho único com outras crianças: primos, vizinhos ou mesmo amiguinhos da escola ou do clube. Essa convivência favorece uma formação mais saudável.

CRIANÇAS HIPERATIVAS

Muitas crianças e adolescentes mal-educados estão tomando Ritalina, medicamento que se destina ao tratamento do distúrbio do déficit de atenção (DDA), uma disfunção psiconeurológica que provoca dificuldade de concentração ou déficit de atenção ou ainda hiperatividade. Descrito há apenas poucos anos, por muito tempo foi um distúrbio menosprezado e mal conduzido.

Agora, no entanto, está havendo exageros e confusão a esse respeito. A Ritalina não atua sobre mal-educados. Ainda assim, diagnósticos apressados e equivocados têm feito pessoas mal-educadas ficarem à vontade para ser mal-educadas sob o pretexto de que estão dominadas pelo DDA. O fato de ser consideradas doentes facilita a aceitação de seu comportamento impróprio.

Claro, é mais fácil mesmo agir sem a necessária adequação de ser humano e cair na escala animal liberando tudo o que se tem vontade de fazer... Concentrar-se dá trabalho. Exige esforço mental. Como a criança não suporta isso, começa a se agitar, a prestar atenção em outra coisa.

Portanto, antes de os pais lidarem com o filho como apenas um mal-educado ou como apenas um portador do DDA, é importante que consultem um médico e recebam a orientação correta, base fundamental da boa educação. Tanto o portador de DDA como o mal-educado são irritáveis por falta de capacidade de esperar. A espera é um exercício. São impulsivos por falta de capacidade de se controlar. Estão sempre tentando fazer coisas. São também agressivos. Em vez de reagir adequadamente, é mais fácil liberar a agressão, um dos primeiros mecanismos de defesa do ser humano. Ambos são instáveis. Ora estão bem, ora estão mal.

Observe alguns dos principais sintomas presentes no portador de DDA (mas que também podem ser simplesmente falta de educação):

I Distrair-se com "pensamentos internos" e cometer muitos erros por pura distração (ortografia, acentos, pontuação etc.).

I Não ouvir a pergunta até o fim e já ir respondendo.

I Não ler a pergunta até o fim; esquecimentos em geral: de material escolar, recados, estudos feitos na véspera etc.

I Não esperar a vez de ser chamado.

I Interromper a fala dos outros.

I Agir antes de pensar e desanimar com facilidade.

I Tirar freqüentes notas baixas apesar da inteligência.

I Permanecer muito tempo ligado no que interessa e desligar-se do que não interessa.

I Acordar eufórico querendo resolver tudo naquele dia, mas acabar sendo vencido pela preguiça.

Quanto maior o número de sintomas e o tempo de permanência deles, tanto mais se configura a presença do DDA. Há porém algumas diferenças notáveis entre um portador de DDA e um mero mal-educado. O portador de DDA continua agitado diante de situações novas, isto é, não consegue controlar seus sintomas. Já o mal-educado primeiro avalia bem o terreno e manipula situações buscando obter vantagens sobre os outros.

INTERMINÁVEIS POR QUÊS

Criança pergunta quando quer saber? Nem sempre! Portanto, é importante que a mãe ou o pai explique sempre que possível. Mas, se as perguntas continuam, das duas uma: ou os pais são maus explicadores ou estão respondendo com palavras quando deveriam agir.

Um dos motivos das perguntas infindáveis é o filho perceber que vai conseguir o que quer desde que ignore as respostas e insista no "por quê?".

Perguntar já é uma ação. Pouco importa a resposta. Os olhos estão irritados, não curiosos. A intenção é vencer o adulto pelo cansaço: "Vou cansá-lo até você deixar que eu faça o que quero".

Uma esgrima. A mãe acha que não foi atingida e teima no diálogo.

Ação se responde com ação; palavra, com palavra.

O filho está agindo, de nada adianta só ficar falando. É preciso que você também aja.

Duas soluções são possíveis.

A primeira é decretar: "Filho, você só tem direito a mais uma pergunta". Pare, escute, veja, pense e responda. Depois vire as costas e vá embora, encerrando a questão.

A outra é inverter o jogo: "Agora, filho, é você quem me responde: por que você me pergunta tanto?" E ficar aguardando a resposta. Enquanto ele não responder, não vai continuar "porquezando"...

Em geral, os pais não conseguem estabelecer as coisas desse modo. Talvez porque no fundo queiram dizer "sim". Nesse caso, o "não" equivale a um "insista mais e mais". É um "não" parecido com o que a namorada diz ao namorado quando ele tenta avançar o sinal. É um "não" que diz "continue avançando".

Contrariar adequadamente uma criança não a faz infeliz. Estabelece o necessário limite para viver bem.

Quem não tem limites sofre pelo que não tem, pois acha sempre que poderia ter mais.

BIRRA AFETIVA

A mãe se recusa a atender a uma vontade do filho e ele se debate, grita, faz escândalo. É a birra! Surge com o nítido objetivo de contrariar uma ordem, não importa se justa ou injusta, com a finalidade de tirar vantagens pessoais.

Mais detalhes sobre a birra material (por querer mais e mais brinquedos) e a comportamental (por querer divertir-se mais e mais) e sobre o método do chacoalhão para enfrentá-las podem ser encontrados em meu livro *O executivo & sua família* (Editora Gente).

Além dessa, existe a *birra afetiva*, quando então não se deve usar o método do chacoalhão.

Nenhum ser humano gosta de se separar das pessoas que ama, principalmente para ficar num lugar desconhecido ou onde se sente pouco à vontade. Isso fica evidente na angústia do oitavo mês, anteriormente citada. As pessoas se constrangem com isso por desconhecer o funcionamento fisiológico da criança. Não importa quem quer que ame o bebê com paixão (avós, padrinhos, amigos íntimos, parentes): *se ele estranhar essa pessoa em dado momento é porque ainda não a identificou, e sua reação de estranhamento é natural.* O adulto tem memória do bebê, mas este ainda não conta com essa maturidade. Basta, por exemplo, o pai se ausentar por alguns dias para que o bebê o estranhe.

Com a convivência, após horas ou dias, a pessoa vai se tornando mais e mais conhecida do bebê, que sinaliza a que distância ela deve permanecer. A princípio, apenas olha a pessoa, depois começa a sorrir quando ela lhe faz graça. *O riso significa aprovação.* Muitos bebês até aceitam brincar, mas talvez não ser pegos no colo. Portanto, os adultos não devem atropelar esse desenvolvimento muito saudável que se faz sem choro nem desespero de ninguém, e sim pela aproximação lenta e sucessiva desse serzinho que está no mundo há tão pouco tempo.

Segurança e firmeza dos pais geram confiança no filhinho para ele ficar na escola.

Assim, também nos primeiros dias, à porta da escolinha, o filhinho pode apresentar dificuldade. É fundamental que ele sinta que os pais confiam na escola e o estão deixando com pessoas superlegais que vão cuidar dele. Portanto, é muitíssimo importante que os pais conheçam bem o local e os profissionais com quem vão deixar o filho. É necessário que ele sinta na pele que os pais confiam na escolinha.

Se para os adultos a separação é difícil, para o filhinho é ainda pior porque ele não desenvolveu a noção de tempo para entender que aquele distanciamento é transitório. Não tem como se defender e precisa dos cuidados de pessoas que desconhece.

A *birra da separação* ataca a criança que não quer ficar com outras pessoas que já conhece e com quem já ficou, dificultando ou impossibilitando, por exemplo, a saída dos pais para o trabalho.

Geralmente, a criança é tida como manhosa, mas já se trata de uma birra escandalosa, em que ela vai derramando copiosas lágrimas para subverter a ordem estabelecida. Lágrimas enternecem qualquer mãe ou pai e despertam um sentimento de culpa que pode comprometer a razão e romper o limite que deve ser imposto na medida certa.

Os pais podem olhar no fundo dos olhos do filhinho e dizer calma mas firmemente que se pudessem até ficariam, mas eles têm que trabalhar. A hesitação dos pais gera insegurança no filho e pode despertar nele a sensação de que consegue convencê-los a ficar.

Os pais não devem prometer trazer brinquedos, doces ou figurinhas quando voltarem. É saudável que a criança sinta que a separação não mata ninguém e comece a criar dentro de si mesma a noção de responsabilidade.

LÁGRIMAS DE CROCODILO

Há dois tipos de choro: o que expressa dor e o que busca poder.

Se o filho descobrir que pode usar o choro como fonte de poder, os pais estão perdidos. Nunca mais saberão dizer se ele chora por dor ou poder.

Uma novela mostrou muito bem esse artifício. A criança ficava vigiando a porta para perceber a hora em que o adulto entraria no quarto e então se punha a chorar. Um choro de poder. Necessita dos olhos e dos ouvidos de quem se quer dominar. É um choro alto, escandaloso a ponto de mobilizar o público-alvo.

Ingênua, a criança que usa o choro como poder pára imediatamente após conseguir o que quer. Daí a importância de os pais ficarem atentos para não ser manipulados.

Em Paris, no aeroporto Charles de Gaulle, notei um menino de cerca de 4 anos chorando escandalosamente ao lado da mãe. A irmã, de uns 3 anos, estava tranqüila, sentada sobre as malas no carrinho. O pai aguardava perto da esteira a chegada de mais bagagem. A mãe tirou a menina de cima das malas e pôs o menino no lugar dela. No mesmo instante, ele parou de chorar, enquanto ela abria o maior berreiro. Reparei que o menino olhava para a menina com um ar de vencedor, o que aumentava o choro dela.

Quando o pai chegou, deu uma bronca nas duas crianças, mas nada mudou. A competição continuou até que a mãe pôs no chão as duas, que saíram do aeroporto choramingando.

Vejam só, uma cena ocorrida em outro país, na França, com pessoas de outro povo – pareciam argelinas –, mas o mecanismo choro/poder empregado por aquelas crianças é universal, poderia ter acontecido também em qualquer outra parte do mundo.

Esse tipo de choro apela para o lado "coitadinho", inspira ternura. É o domínio pela chantagem afetiva.

É difícil neutralizar o uso do choro como arma. Pai e mãe têm de entender que um pouco de dor não matará a criança, assim como um pouco de poder não matará os pais. Só há um jeito de aprender a diferenciá-los: acertando e errando.

Os pais morrem de medo de errar. Preocupam-se muito, temendo que um erro deles traumatize a criança pelo resto da vida.

Grande parte dos pais tem mania de antever o futuro. Se em vez de uma letra A o filho escrever um número, eles já imaginam que terão na família um engenheiro. Pegam um sinal de hoje e o jogam para o futuro, ampliando-o ao máximo.

Se traumas infantis matassem, a humanidade estaria extinta. Não há filho que não tenha sido contrariado. A imensa maioria deles tem condições de agüentar contrariedades.

A insegurança paterna/materna faz com que os filhos sintam como se estivessem a bordo de um carro cujo motorista fica o tempo todo perguntando se a velocidade está boa, se deve virar à esquerda, à direita, se ultrapassa ou se deixa ultrapassar etc.

Pais extremamente solícitos acabam não traçando um bom e seguro trajeto para seguir, e a criança fica insegura, pois perde a confiança neles.

Um erro cometido pelos pais, desde que não seja baseado na violência, em surras, socos e pontapés, não traz problema nenhum. Atos como esses descarregam a raiva, mas não têm força educativa, pois violência só gera violência.

PEGA NA MENTIRA

Quando parece que um filho começa a contar muita mentira, é preciso fazer uma acareação, um confronto com a realidade, interpretar o contexto em vez de logo anunciar: "Eu acredito em tudo o que meu filho diz". Do contrário, ele vai ser estimulado a mentir ou a exagerar ainda mais.

Há mentiras que servem para a criança se safar de uma situação, para não ter que arcar com as conseqüências de seus atos. Outras fazem a criança se sentir grande, valorizada e conseguir a atenção das pessoas.

A mentira é um recurso inteligente, mas antiético, de quem inventa histórias, procura saídas diferentes das reais.

A criança que esconde uma prova, um boletim escolar ou falsifica a assinatura do responsável (e isso em geral se dá a partir da terceira série ou um pouco antes) está contando uma mentira. Mas antes é preciso avaliar se de fato ela iria levar dos pais uma bronca tão grande ou violenta que a mentira só teve o objetivo de protegê-la de um medo real. Se for o caso, talvez os pais estejam exigindo o que o filho não pode dar ou então o filho pode ser mesmo um folgado.

Mãe e pai devem perguntar qual é o maior medo do filho e conversar com ele, mostrando que o caminho escolhido foi ainda pior.

Se ir mal nas provas já era um problema, a mentira acrescentou uma dificuldade, isto é, só acabou agravando o problema original.

No lugar de entrar em cena o castigo, o ideal seria buscar outra saída para enfrentar a situação sem que os pais nem os professores se sentissem enganados com a mentira. As conseqüências que a criança deveria assumir são: reconhecer que foi mal nas provas, estudar mais para a próxima, parar de mentir. Os pais devem ajudar o filho a se organizar para todos os dias estudar um pouco. Depois, o filho deve dar aulas para a mãe ou o pai, reproduzindo para eles, com as próprias palavras, as lições aprendidas na escola naquele dia.

Usar as próprias palavras é essencial para o aprendizado. Decoreba é a indigestão do aprendizado. Quando o filho é obrigado a usar as próprias palavras, põe em ação seu conhecimento, o que o ajuda a memorizar com maior eficiência. Caso contrário, ele pode apenas fotografar as palavras e usá-las automaticamente sem ter incorporado nada ao conhecimento.

Os pais não devem aceitar uma mentira como verdade só para poupar o filho, pois intimamente ele sabe que mentiu. Esse tipo de proteção pode ter o intuito de privá-lo de sofrimentos, mas se os pais buscam a felicidade do filho devem educá-lo para enfrentar adversidades. Mesmo que ele não as supere, de qualquer forma nunca seria uma pessoa feliz se continuasse mentindo.

QUE BAGUNÇA!

O que fazer quando a mãe volta para casa, após uma exaustiva jornada de trabalho, e encontra tudo na maior bagunça?

Quando chega em casa após um dia inteiro de trabalho, a mulher integrada, tenha marido ou não, não deve arrumar a casa que os filhos bagunçaram, tampouco ignorar o caos e partir para as tantas outras tarefas domésticas.

Se os filhos já são auto-suficientes o bastante para ficar em casa sozinhos, também devem sê-lo para cuidar dela, portanto a mulher integrada deve educar os filhos para que deixem a casa arrumada. Quem disse que é a mulher que deve arrumar a casa? É o machismo histórico, que ela aprendeu com sua mãe, que por sua vez aprendeu com a mãe dela, numa transmissão hereditária do "como somos" que se perde no tempo.

Mesmo após tantas evoluções, após a globalização, a mulher ainda se submete aos resquícios do machismo quando se encarrega de fazer sozinha todos os serviços domésticos. Nada a impede de cuidar da casa desde que essa atividade conste da divisão de tarefas que cada membro da família deve assumir.

A mulher já cumpre a sua parte trabalhando fora. Não é justo que tenha de enfrentar outra jornada de trabalho ao chegar em casa. Se tem marido, ambos têm o direito de repousar, assim como a obrigação de cuidar da casa onde moram. Se não tem marido nem companheiro, esse é um motivo a mais para os filhos também ajudarem a mãe, no mínimo deixando a casa em ordem quando ela chegar.

Quando a mãe se põe a arrumar a casa freneticamente, os filhos ficam folgados, acham que ela está cumprindo obrigações que são dela. Na educação integrada, todos devem participar dos cuidados da casa, inclusive os filhos.

Se nunca fizeram nada, está na hora de os pais combinarem que, dali em diante, a casa deverá ser arrumada pelos filhos quando pai e mãe chegarem do trabalho. Caso esteja uma bagunça, os filhos vão pô-la em ordem. Enquanto não o fizerem, não têm por que comer o jantar que a mãe prepara.

Uma sugestão que tem funcionado bem: os filhos não querem arrumar a casa? Então a mãe pergunta que sanduíche querem que ela lhes prepare. Os filhos que continuem na televisão, no quarto ou em que atividade for... Depois de pronto o sanduíche, que, para os famintos, já está inundando a casa com seu cheiro maravilhoso, a mãe chama as crianças para a mesa. Os filhos vão voando e encontram um único sanduíche. E é a mãe quem come, pois ela merece. Os filhos vão comer quando arrumarem a casa...

QUANTA BRIGA!

Irmãos discutem, entram em conflito e não raramente partem para a briga. Confronto físico, porém, os pais não devem permitir, de jeito nenhum, para os filhos não aprenderem o caminho da violência.

Criança que não sossega enquanto não dá um soco no outro precisa ser contida. Pai, mãe ou qualquer adulto próximo deve interferir. Os pais devem separar os briguentos dizendo em alto e bom som: "Não admito briga". Não é dando palmadas nem cascudos que se acaba com uma briga, pois não é se mostrando violento que o pai porá fim na violência entre os filhos.

Ânimos serenados, os pais devem propor atividades em comum para os irmãos em que cada um faz uma parte e que os obriguem a repensar ou pelo menos a arcar com o mal-estar causado pela briga: estudar no mesmo quarto, lavar e enxugar a louça, ver TV na sala com a família.

Se a briga provocou ferimentos, o agressor ajuda a fazer curativos no ferido.

De que adianta isolar o agressor no quarto? Que correlação ele fará entre esse tipo de castigo que está sofrendo e o ferimento que causou?

Se a briga foi com filhos de outras pessoas, informe-se antes de tomar qualquer atitude para, por exemplo, não fazer o papel ridículo de ter acreditado numa versão mentirosa do próprio filho.

Com risadas e caretas, uma criança que estava na mesa de um restaurante começou a brincar com outra sentada numa mesa próxima. De repente, uma delas não agüentou a brincadeira e se queixou com a mãe de que a outra estava lhe mostrando a língua. A mulher se levantou e foi como uma bala até a outra mesa tomar satisfações. Dedo em riste apontado para a criança no meio de outros adultos da mesa, vociferou: "Por que você está mostrando a língua para o meu filho?" Todos ficaram paralisados diante da insólita situação.

O que essa criança aprendeu ao instigar a mãe contra outras pessoas?

Essa mãe está tornando o filho feliz? Como alguém pode ser feliz sacaneando os outros? Por qualquer contrariedade, saca uma arma contra a pessoa com quem está brincando?

Ninguém pode ser feliz agindo assim. O que consegue é satisfação imediata diante de uma contrariedade, mas para isso dependeu da mãe. Uma criança feliz resolve situações como essa de maneira muito mais adequada.

Crianças não são indiferentes a outras crianças. Falam-se, tocam-se, provocam-se, agridem-se. O filho único nem sempre se exercita assim. Às vezes, não sabe brincar. Não entende que a cada momento a vantagem é trocada pela desvantagem, e vice-versa.

O filho reclama que o amiguinho da escola bateu nele. A mãe já corre até lá para falar com a professora. Quer que a outra criança sofra. Mas quem garante que não foi seu filho que começou? Em geral, quem tira satisfações é a mãe.

Esse gesto deseduca. A verdadeira educação consiste em saber o que houve para conferir se o filho está certo ou errado em vez de acreditar piamente nas suas palavras e se sujeitar a ser usado como arma dos desejos do filho, nem sempre lícitos.

PEQUENAS DELINQÜÊNCIAS

Estávamos, minha família e eu, na fila de entrada para um brinquedo num parque infantil. Na minha frente havia um casal com dois filhos, de aproximadamente 9 e 7 anos. O garoto maior estava quieto no lugar. Já o mais novo não parava um instante. Ele se pendurava na fita do corrimão como se ela fosse um balanço e chutava as pessoas da fila.

Quando esbarrou em mim, dirigi a ele aquele olhar duro, de reprovação, como se dissesse: "Não admito que você faça isso!" O menino, então, começou a me proteger do seu inadequado e invasivo comportamento. Balançava-se em todas as direções, menos na minha.

A mãe, com expressão de desânimo, cutucava o pai, que acabava dizendo: "Filho, desse jeito nunca mais vou trazer você de novo para a Disney!" E nada acontecia porque voltar ou não para a Disney era um problema futuro, significava que, se ele não quisesse mesmo mais voltar, poderia continuar fazendo o que lhe passasse pela cabeça, sem um mínimo de adequação. E o garoto continuou tumultuando todo mundo, menos a mim.

Aquela situação mostrou sérias dificuldades familiares. Mas não me cabia exercer o papel de terapeuta. Estava num momento de folga, de diversão. E quem era eu para dizer ao pai o que fazer com seu filho?

Não me cabia, naquele instante, atuar para melhorar o mundo. Contudo, não pude permitir que aquele invasor tumultuasse minha vida. Então lhe impus um limite com os olhos – daqui você não passa. Se respeitou o que falei com os olhos e não o que o pai disse com palavras, foi porque o pai estava se deixando levar pela permissividade amorosa.

Decerto aquele pai não toleraria outra criança que agisse com ele como seu filho agia. Mas o problema não se resolveu, embora o pai tenha dito dezenas de vezes a mesma coisa. E ainda não se cansou de repetir o discurso, num comportamento estilo animal.

A mãe, por sua vez, assumiu um comportamento estilo vegetal. Toda vez que o filho transgrediu a norma, ela fez cara de desânimo. "Esse garoto não tem jeito, está perdido. Já fiz tudo o que podia fazer." E automaticamente empurrou o problema para o pai. Ela se eximiu de sua responsabilidade não só de mãe mas relacional de fazer valer sua opinião, respeitar outras pessoas e se fazer respeitar.

E todos sofreram com isso. Impossível não sofrer. A mãe pela sensação de impotência; o pai por se ver desautorizado ao permitir que sua fala fosse ignorada; e o menino por ficar insatisfeito, portanto infeliz, apesar de ter feito tudo o que quis. E todos os outros por ser incomodados por aquela situação sobre a qual não tinham controle.

Há muitos casos de filhos pequenos que não obedecem aos pais. Mas basta os adultos recuperarem a autoridade inerente à função de educador para os filhos melhorarem. Como o garoto da Disney estará sendo educado? Até então, havia aprendido que para ele não existem limites. Tudo lhe era permitido, ainda que incomodasse quem quer que fosse. O garotinho não mostrou conhecer a hierarquização de valores, própria de todo ser humano saudável. Ele pode fazer com os outros o que quiser. Não respeita o pai como pessoa, tampouco como pai. Este não tem poder nem autoridade sobre o filho. A criança pode ser muito esperta para outras coisas, mas não tem saúde social. Como ainda não está em condições de viver sozinha em sociedade, é preciso que alguém se responsabilize por ela.

Quem não sabe se comportar numa fila de espera não possui a noção dos contextos nem das respectivas regras. Um dos maiores indícios de saúde social é o mimetismo relacional. Sem perder a personalidade, mudamos de cor conforme o ambiente. Aquele que impõe sua vontade egoísta sobre as regras específicas de determinado contexto, uma fila, por exemplo, não tem educação social.

Se a palma da mão fosse a personalidade, os dedos seriam os papéis sociais, e as diferentes maneiras de pegar cada objeto seriam o mimetismo relacional.

O garoto desrespeitou o espaço, as pessoas, as hierarquias. Age e reage como animal. Faz o que lhe dá prazer. Externamente, não se pode contar com ele e internamente é tão desorganizado que não consegue realizar o que tem de ser feito: estudar as matérias das quais não gosta ou cumprir tarefas rotineiras. Qualquer coisa que exija mais dedicação ou esforço ele não consegue fazer.

Talvez o pai tenha ameaçado não levá-lo nunca mais ao parque para mostrar a todos que estava fazendo alguma coisa, como que cumprindo o que era esperado dele. Uma ameaça que o filho nem chegou a ouvir, portanto sem resultado positivo. Para que haja uma boa convivência social, esse pai precisa recuperar seu natural poder paterno e fazer valer sua autoridade fisiológica.

Mas se o garoto se mostrou assim é porque de alguma maneira encontra reforço nos pais. Eles perderam o poder e a autoridade sobre o filho ao ameaçá-lo com regras que não são cumpridas.

CONSEQÜÊNCIAS NO LUGAR DE CASTIGOS

Seria preciso reorganizar esse relacionamento entre pai, mãe e filho. E a primeira atitude nesse sentido é começar do zero.

Quem aprendeu a ter lucros na delinqüência precisa começar a ter prejuízos para que o equilíbrio se restabeleça. *O pai avisou ao filho que ele não deveria fazer tal coisa, mas seu limite foi ignorado. Então está na hora de estabelecer um prejuízo para o garoto entender que seu comportamento traz conseqüências.*

Várias medidas podem ser adotadas. Minha sugestão, por exemplo, é estipular que o garoto não desfrute o brinquedo em cuja fila de entrada está. "Você vai ficar aqui fora até a gente sair", ou seja, nada de jogar as conseqüências para um duvidoso futuro. Ele precisa entender que não usufruir o brinquedo é de sua exclusiva responsabilidade.

A condição é que o garoto espere a família na saída do brinquedo. Se ele não estiver no local combinado, perderá o direito também ao próximo brinquedo, e assim sucessivamente. Se perder três brinquedos, não haverá por que sair com a família no dia seguinte. O garoto que fique no hotel ou onde estejam hospedados. Não há motivos para sacrificar toda a família por causa do mau comportamento de um de seus membros.

É natural as crianças tentarem, de várias maneiras, recuperar o que foi perdido através de choro, depressão, agressão, cara fechada, mau humor, chute, raiva. Elas têm o direito de reagir. E os pais devem dizer: "Tudo bem você reagir, mas sua reação não vai mudar o que estabelecemos, pois você está recebendo o que mereceu".

A explicação educativa dessa medida é fazer a criança sentir a perda que um mau comportamento traz.

O ser humano se ressente de dois tipos de perda: a material e a psicológica.

Só a perda material (ficar privado de um objeto) não adianta. A perda psicológica (não ter a atenção dos pais) a criança sabe que os pais não conseguirão manter por muito tempo.

> Multa é perda material;
> prisão, perda da liberdade; e
> rejeição, perda afetiva.

Quando todos os recursos já foram utilizados pelos pais e derrubados pelo filho, resta ainda uma última e drástica medida: a de perder a liberdade e o conforto material. Isso equivale a usar um lavabo como prisão para que ele reflita sobre o que fez.

Essa prisão domiciliar tem significado educativo. Portanto, não deve ser acompanhada de raiva, gritos e violência. Os motivos e os objetivos pelos quais o filho está sendo preso devem ser explicados com firmeza, olhos nos olhos, para que ele possa compreender e se modificar.

Um bom lugar é o lavabo ou qualquer outro aposento que não tenha nenhum conforto material nem condições de distrair a criança. Assim, ela esfria os ânimos e reconsidera a situação.

O período ideal para uma boa reflexão não deve passar de cinco minutos, pois se for maior a criança pode adormecer ou encontrar outro meio de esperar o tempo passar. O que não se deve é deixá-la sair correndo imediatamente para outra atividade. O que valida esse recolhimento é a conversa que se tem depois com o filho: mais calmo, ele deve falar sobre o que refletiu e não ficar ouvindo "mais ladainhas" dos outros. Se ele não pensou nada durante o período, volta para mais um período de reflexão para expressar-se depois.

As perdas também devem ser progressivas e cumulativas. Se a criança ficar gritando, ofendendo, dizendo palavrões, chutando a porta, a contagem dos cinco minutos será zerada e recomeçará.

Mãe e pai precisam assumir sua condição de educadores e fazer o filho entender que está sendo mal-educado, grosseiro e antiético. Em vez de aplicar castigos aleatoriamente, têm que reformular sua abordagem com condutas pautadas na coerência, na constância e na conseqüência para conseguir dos filhos resultados favoráveis.

O pai que descarrega um palavrão ou um tapa na orelha da criança deixa de usar o melhor de si mesmo, os infindáveis recursos do cérebro humano, para lidar com a pessoa que mais ama, o próprio filho.

Capítulo 5

Auxílio
de terceiros

Ficar ou não em casa com a criança é o grande drama feminino depois do nascimento de um filho. Em geral, a sobrevivência fala mais alto que a educação. Acostumada a trabalhar, às vezes a mulher não consegue (e a maioria nem pode) ficar em casa cuidando da criança o dia todo.

Geralmente a mãe e o pai trabalham e precisam contar com a ajuda de terceiros para cuidar do filho e zelar por ele mesmo que durma quase o dia todo. Quando ele começa a engatinhar, andar e descobrir o mundo, esses cuidados se tornam mais importantes. Aquele que toma conta da criança pode ou não ajudar a educá-la.

Babás, avós e escola são as três opções de apoio aos pais.

BABÁS: A IMPORTÂNCIA DE ORIENTAR BEM

Às vezes o noticiário da televisão mostra imagens gravadas por pais em que aparecem babás surrando criancinhas ou veicula notícias de babás que dão remédios para dormir a bebês. Esses casos assustam qualquer pai e mãe, mas eles devem se conscientizar de que são exceções. Existem péssimas babás, mas há também profissionais conscientes, dedicadas e amorosas.

Antes de empregar alguém como babá, deve-se verificar suas referências conversando com os pais de crianças das quais cuidou. Os pais precisam perguntar tudo o que quiserem saber e observá-la atentamente, pois muitas babás expressam no comportamento o que não contam em conversas.

Para a mãe, a escolha da babá costuma ser bastante difícil, pois ela será responsável pelos cuidados da criança, que em geral são funções maternas. Muitas mães sentem-se culpadas ao retomar o trabalho por perceber que a babá as substitui, o que gera ciúme e até medo de que a criança se apegue demais a ela.

Se a babá for boa, o apego da criança será inevitável, e é bom que isso aconteça, pois é um indício de que a criança se sente bem cuidada e amada na ausência da mãe. Se a criança não se apega, esse pode ser um sinal de que a babá desempenha suas funções de maneira mecânica. Para a auto-estima da criança não é nada bom ser tratada sem o carinho e o empenho de que ela necessita, muito menos passar o dia todo com uma babá desse tipo.

> **Boa babá é aquela que estabelece bons relacionamentos e, com seu apego à criança, torna-se uma aliada da família.**

Quando a babá é uma aliada da família, mesmo que depare com uma situação para a qual não foi orientada, age em benefício da criança cuidando dela e protegendo-a, pois ela vem sempre em primeiro lugar.

Se a babá começa a cuidar da criança ainda bebê, seu envolvimento é praticamente inevitável, mas quando as crianças são maiores é importante que os pais favoreçam o envolvimento. Devem falar um pouco da história da criança desde o nascimento, inclusive mostrando algumas fotos, e contar episódios marcantes da vida da criança para que ela se torne o foco de atenção, preocupação, proteção e cuidados da babá. Essa atitude é válida com qualquer pessoa — familiar, empregada ou amiga — que desempenhe o papel de cuidadora da criança.

Embora o envolvimento seja importante, a mãe e o pai devem orientar a babá para que ela entenda os limites de sua participação na família. Ela pode, por exemplo, retirar-se em momentos familiares nos quais sua presença não seja necessária, para que a criança desfrute o convívio exclusivo com a família.

As babás também precisam receber orientação sobre a educação da criança. Por mais que sejam experientes, têm de conhecer o desejo dos pais para que haja coerência entre as atitudes deles e as da babá. É preciso que eles a orientem na imposição de limites explicando como dizer "não" e agir no caso de comportamentos considerados inadequados. Por que não emprestar à babá os livros que os ajudam na educação do filho?

É essencial que os pais esclareçam à babá seu importante papel na educação da criança. Portanto, ela deve se informar e se preparar buscando capacitação para ser também educadora.

Muitas mães sentem que ao deixar o filho com a babá estão perdendo o controle da rotina da criança, mas isso não ocorre necessariamente. A mãe e o pai podem criar maneiras de exercer esse controle mesmo que não estejam presentes, e é fundamental que o façam.

Ao chegar em casa de volta do trabalho, devem informar-se do que aconteceu ao longo do dia. Quando o filho ainda é pequeno e não vai à escola, uma boa forma de acompanhá-lo é fazer um *caderno de rotina* da criança.

Nele a babá deverá anotar os períodos de sono da criança, o horário das refeições e dos lanches, a quantidade de alimentos ingerida, o funcionamento do intestino etc. Com esse caderno e a conversa com a babá sobre o comportamento da criança e outros detalhes, os pais poderão acompanhar o crescimento do bebê, além de a babá sentir-se mais segura, pois sabe que é supervisionada.

Se a babá não tiver paciência para escrever nesse caderno nem para atender às solicitações dos pais, terá ela paciência e carinho para atender a um indefeso bebê?

Quando a criança for maior, os pais deverão adotar o hábito de perguntar à babá tudo o que o filho fez ou deixou de fazer e depois comentar sobre seu dia com ele. Essa atitude dá à criança a sensação de estar sendo acompanhada mesmo que os pais não estejam presentes o dia todo. Sabendo ser alvo de cuidados, amor e preocupação dos pais, a criança passa a não cobrar tanto a atenção deles. Em geral, as babás não são ruins. São apenas mal orientadas. No entanto, se os pais começarem a desconfiar que algo não está correndo bem, devem trocar de babá. Não é possível ter em casa, cuidando do filho, alguém que não lhes inspire confiança.

TELEVISÃO E VIDEOGAMES

Muito cuidado com o uso da televisão como babá eletrônica. Desde pequenas, as crianças ligam sozinhas a televisão e prestam muita atenção em comerciais porque chamam sua atenção por ser alegres, cheios de som, cores e movimentos, com cenários, pessoas e objetos maravilhosos. Suas mensagens, porém, nem sempre são apropriadas a crianças. Entram pelos olhos e ouvidos e passam a fazer parte dos conteúdos de sua mente.

Quanto mais tarde a criança se iniciar no mundo da TV, melhor. É assustador ver crianças pequenas, de fraldão, tentando imitar o rebolado das dançarinas. Se elas imitam a dança, por que não imitarão a violência? Aquela imagem que entra no ambiente familiar passa a ser natural, um costume. Essa é uma questão a ser considerada na educação.

Mais sério ainda é o *videogame* precoce, sobretudo os que estimulam à violência ao contar pontos por matar os outros. Adie esses jogos o máximo que puder.

CRECHES

Há situações nas quais os pais, por opção ou por falta de outra saída, põem os filhos em creches. Nesse caso, precisam tomar cuidados como:

■ Conhecer a creche: seu espaço físico, seus recursos, ambientes onde as crianças ficam, banheirinhos, salas de repouso etc.

■ Informar-se sobre as pessoas que lá trabalham, principalmente as que lidam diretamente com as crianças.

■ Passar algumas horas no local, em pleno movimento, com outras crianças. Provavelmente seu filho receberá o mesmo tratamento.

■ Escolher um local próximo do trabalho da mãe para que em qualquer emergência ela possa atender o filhinho. A proximidade também diminui a ansiedade da mãe.

Convém lembrar que creche não é depósito de crianças. É um local que complementa a educação, principalmente a socialização delas.

AVÓS: SALVADORES OU VILÕES?

"Educação é responsabilidade dos pais; nós, avós, só vamos curtir" – essa é a visão corrente do papel dos avós na família. Os pais proíbem, os avós permitem. Os pais cortam mesada como castigo, os avós dão trocadinhos que rompem com esses esquemas. Fazem vales que os netos jamais pagarão. Em geral, os avós não sofrem as conseqüências imediatas dessas transgressões. Portanto, nessa visão comodista de deixar os abacaxis para os filhos descascarem, não colaboram em nada para minimizar a dificuldade que as crianças têm hoje de entender o significado do *não*.

Há muitas diferenças nos relacionamentos entre avós e netos e pais e filhos. Os avós vivem outro momento de vida. Já criaram os filhos, percebem que muitos fatos são relativos e que tempo precioso é perdido na preocupação com irrelevâncias enquanto se deixa passar o que pode ser sério. E agora, diante dos filhinhos dos filhos, têm tempo livre (que os pais nem sempre têm), afeto disponível e, muitas vezes, dinheiro suficiente para dar aos netos.

Nem todos os avós, porém, têm tanto tempo assim, pois segundo o Censo 2000 do IBGE o país tem 6 milhões de idosos com mais de 60 anos que sustentam filhos, netos e outros parentes. Têm, portanto, papel financeiro fundamental na família brasileira.

Os avós são ao mesmo tempo esperança para "tomar conta do neto" e depositários das culpas e responsabilidades se lhe acontece algo de ruim, especialmente da parte de genros e noras.

Logo, os pais que confiam suas crianças aos próprios pais enfrentam uma situação contraditória de dependência.

Os avós são ora grandes salvadores, ora grandes vilões na dinâmica familiar.

É preciso muita saúde social para que os avós sejam imparciais na busca da ética e da humanidade relacional sem favorecer os filhos (em detrimento dos cônjuges) nem os netos.

A convivência, contudo, pode ser de muita valia, especialmente nos momentos de crise. Eles podem até ficar com o neto por algum tempo quando o casal se separa e a mulher não tem condições de arcar sozinha com as despesas de uma casa.

Pessoalmente, acredito que pais e avós podem ser complementares na educação dos pequerruchos. Os pais, na luta pela sobrevivência financeira da família, não têm tempo de transmitir tradições nem a cultura familiar. A disposição dos avós de ouvir a criança é diferente. Portanto, eles desempenham papel de complementação da educação.

É função dos avós temperar educação com cultura complementar contando histórias da família aos netos. Os pais precisam deixar muito claro o que desejam que pais e sogros façam com os netos em sua ausência. É comum que eles deixem tudo por conta dos "velhos" sem nada especificar e ao voltar passem a criticar suas atitudes sem perceber que é natural que os avós ajam diferentemente dos pais.

As maiores interferências surgem quando os avós discordam da educação que os pais dão às crianças, tentando às vezes corrigi-la se os consideram rígidos ou frouxos demais.

"DIA DOS AVÓS"

Quando não existe possibilidade de acordo entre pais e avós sobre a educação das crianças, uma boa saída é estabelecer o "dia dos avós": tudo o que os avós permitem vale somente na casa deles ou quando os netos estão com eles. Na casa dos pais vale o que eles determinam. Assim as crianças têm a possibilidade de viver dois padrões diferentes compondo uma educação única.

Atendi uma garota de 15 anos que morava com os avós. Sua mãe engravidara na adolescência, quando gostava de atravessar madrugadas em festas. Os avós não confiavam em sua mãe, que ainda levava a vida agitada e sem compromissos dos tempos de adolescente e seria, sem dúvida, um mau exemplo para a menina. Além disso, como poderia corrigir na filha algo que ela mesma fazia?

Nesse exemplo, os avós são melhores educadores que a própria mãe.

Quanto mais bem-sucedidos são os pais, menos os avós interferem. Ainda mais quando se trata de avós que moram na casa do filho e se colocam como dependentes dele. Já quando são os pais que moram com os avós, a situação se complica, pois eles se acham no direito de educar os netos.

Se constatar que os avós realmente atrapalham a educação dos netos, convém organizar sua rotina sem eles. Exponha suas razões numa boa, sem brigar, libertando-os da obrigação. Com essa medida, o relacionamento familiar pode melhorar.

Não é justo nem ético usar os "velhos" quando se precisa deles e depois reclamar. É agradecer mal a quem socorre.

A PARTE QUE CABE À ESCOLA

Quando os pais trabalham, as crianças vão para a escola cada vez mais cedo, com 2 anos de idade em média. Entretanto há escolinhas que as recebem com idade ainda menor. Os pais fazem essa escolha por não poder deixar os filhos com babás nem com avós.

Há trinta anos, os estudiosos do desenvolvimento infantil dividiram a socialização em três etapas:

Socialização elementar: até os 2 anos, quando a criança aprendia a reconhecer e a educar as necessidades fisiológicas (vontade de fazer xixi, sede, fome).

Socialização familiar: até 5 ou 6 anos, quando aprendia a conviver com pai, mãe, irmão e demais membros da família.

Socialização comunitária: a partir dos 6 anos, quando começava a vida escolar.

Atualmente, o contato social é muito precoce. Ainda sem completar a educação familiar, a criança já está na escola. O ambiente social invade o familiar não só pela escola. mas também pela televisão, internet etc.

Não se obedece mais à ordem: primeiro o indivíduo, depois a família, por último a sociedade. Há uma mescla do ambiente familiar com o comunitário. Se ela prejudica ou não as novas gerações, é cedo para avaliar. Mas percebo que as crianças têm dificuldade de estabelecer limites claros entre a família e a escola, principalmente quando os próprios pais delegam à escola a educação dos filhos.

Esses pais cobram da escola o mau comportamento em casa: "O que vocês estão fazendo com meu filho que ele me responde mal?" Ou: "A escola não o ensinou a respeitar seus pais?" Até parece que quem educa é a escola e cabe ao pai e à mãe uma posição recreativa. Essa idéia não pode prevalecer.

A educação com vistas à formação do caráter, da auto-estima e da personalidade da criança ainda é, na maior parte, responsabilidade dos pais.

Para a escola, os alunos são apenas transeuntes psico-pedagógicos. Passam por um período pedagógico e, com certeza, um dia vão embora. Mas família não se escolhe e não há como mudar de sangue. As escolas mudam, mas os pais são eternos.

Durante um programa de rádio em Belo Horizonte, atendi ao telefonema de um pai que fez a seguinte pergunta: "Coloquei meu filho aos 11 anos numa escola e ele saiu no terceiro colegial usando drogas. O que devo fazer?" Na pergunta estava implícito que o pai depositara a educação do filho nas mãos da escola, portanto ela era responsável pelo fato de ele usar drogas. Um silêncio tomou conta do estúdio. O que o pai pretendia era processar a escola. Foi quando lhe fiz uma singela pergunta: "Onde o senhor esteve durante todo esse tempo?" Ele desligou o telefone porque ao interromper a ligação também descobriu a resposta: mesmo presente, ele não olhara pelo filho dos 11 aos 17 anos.

Para a escola, esse é só um ex-aluno. Para o pai, esse filho é para sempre.

A ESCOLA NA EDUCAÇÃO INFANTIL

A escola sozinha não é responsável pela formação da personalidade, mas tem papel complementar ao da família. Por mais que a escola infantil propicie um clima familiar à criança, ainda assim é apenas uma escola.

A escola oferece condições de educação muito diferentes das existentes na família. A criança passa a pertencer a uma coletividade, que é sua turma, sua classe, sua escola. É um crescimento em relação ao "eu" de casa, pois ali ela praticamente é o centro. Ser tanto luz quanto mariposa, general e soldado, pai e filho possibilita grandes aprendizados às crianças.

A escola também tem atividades específicas conforme as idades das crianças, o que não acontece em casa, onde se vive conforme cada um pode e consegue dentro do que se chama vida familiar.

A escola percebe facilidades, dificuldades e outras facetas na criança que em casa não eram observadas, muito menos avaliadas.

Portanto, para que os pais possam conhecer realmente seu filhinho é importante estar bem informados de seu comportamento na escola.

Embora não seja de sua competência, muitas vezes a escola pode orientar os pais a superar dificuldades domésticas com o filho antes que seja necessário um tratamento psicológico. Muitas escolas, por lidar com grande número de crianças, têm mais experiência de cada um de seus aluninhos que os pais.

A voz da experiência da escola, bem ouvida, pode ser bastante útil num momento em que a família está totalmente perdida sobre a maneira como deve proceder com o filhinho.

Se todos os pais soubessem dessa possibilidade de ajuda e tivessem a sabedoria de procurar a escola, muitos conflitos, desajustes relacionais, problemas de juventude, migrações e dificuldades escolares seriam sem dúvida resolvidos a tempo.

A escola, ao perceber qualquer dificuldade com seu aluninho, também poderia chamar os respectivos pais e implantar a *educação a seis mãos**. Juntos, pais e escola podem combinar os critérios educativos levando em conta as duas mãos, a do coração (afeto e sentimento) e a da cabeça (razão, pensamento), dos três personagens mais importantes da educação da criança: mãe, pai e escola.

PAIS & ESCOLA: BELA PARCERIA

Se a parceria entre família e escola for formada desde os primeiros passos da criança, todos terão muito a lucrar. A criança que estiver bem vai melhorar e aquela que tiver problemas receberá a ajuda tanto da escola quanto dos pais para superá-los.

Quando a escola, o pai e a mãe falam a mesma língua e têm valores semelhantes, a criança aprende sem grandes conflitos e não quer jogar a escola contra os pais e vice-versa.

Quando há conflito, os adolescentes tendem a tirar vantagens pessoais e as crianças a acompanhar quem mais lhes agradar. Assim, quando os pais não concordam com a escola é com ela que devem resolver as discordâncias. Desse modo a criança não se apoiará nos pais para se insurgir contra a escola.

Quando o filho se queixa de algum professor ou de alguma "injustiça" praticada pela escola, antes de acreditar piamente no que ele diz é melhor que os pais tomem conhecimento de outras informações sobre o mesmo fato.

Já atendi a alguns pais que foram à escola reclamar dos maus-tratos que o filho estaria recebendo, baseados sempre

---

* Para mais informações sugiro a leitura de "Educação a seis mãos", capítulo de meu livro *Ensinar aprendendo* (Editora Gente).

na frase "meu filho não mente", e ficaram totalmente perplexos, perdidos e sem-graça ao descobrir que haviam sido manipulados. O "querido filhinho" havia mentido, sim, e muito.

Uma das maneiras de evitar que o filho minta é buscar outras informações além das fornecidas por ele.

Se o filhinho estiver certo e a escola errada mas não admitir seu erro, é hora de mudá-lo de colégio. Os pais precisam ficar atentos, já que a escola é livre escolha deles.

QUAL É A MELHOR ESCOLA?

Já que a parceria entre família e escola deve ser estabelecida desde o princípio, é fundamental que mãe e pai escolham uma instituição afinada com os valores familiares. Convém prestar atenção nestes aspectos:

■ Instalações físicas: espaço interno (sala de aula, banheirinhos, bebedouros etc.) e externo (pátio aberto ou coberto, gramado ou cimentado, com ou sem brinquedos adequados etc.).

■ Recursos como biblioteca e computadores.

■ Corpo de funcionários: é importante não só conversar com a diretora ou orientadora mas também com professores e bedéis. É com eles que as crianças convivem no dia-a-dia.

■ Alunos: observar o comportamento dos alunos que freqüentam a escola e conversar com eles para saber o que acham da escola, se gostam ou não de estudar lá etc.

■ Localização geográfica: a proximidade é um fator que deve pesar na escolha da escola, mas de maneira nenhuma deve ser determinante.

Quando têm mais de um filho, é importante que os pais observem a escola com lentes diferentes para cada um. É muito cômodo que os filhos estudem na mesma escola, mas como as personalidades são diferentes uma escola que pode ser boa para um talvez não seja adequada para outro.

Um bom método que auxilia os pais na escolha da escola é reparar nos alunos que saem dela após o término das aulas. É com essas pessoas que o filho vai se relacionar. Os pais gostariam de recebê-los em casa para passar o fim de semana? Se a resposta for negativa, é melhor buscar outra escola, pois o filho em pouco tempo terá comportamentos semelhantes aos de que eles não gostaram...

Embora a seleção tenha sido criteriosa, há alguns pais ou mães que dificultam a adaptação do filho à vida escolar, pois ficam mais angustiados que ele. É natural o pequenino manifestar dificuldade de separar-se da mãe — quanto menor for, maior a dificuldade. A tranqüilidade e a segurança dos pais favorecem a separação transitória. Portanto, eles devem estar tranqüilos de que a decisão tomada foi correta.

Há mães que não chegam a chorar, mas seus olhos imploram "fique comigo", embora as palavras o incentivem a ir com a professora. É a famosa dupla mensagem. Já vi crianças chorarem escandalosamente na frente da mãe, resistindo a entrar na escola, mas uma vez dentro dela mudam completamente e ficam felizes ao lado dos coleguinhas.

Os pais devem preparar a ida para a escola com observações como: "Você vai brincar, fazer coisas que não faz em casa, ter amiguinhos, pintar, ir ao parquinho. Depois você conta tudo pra mamãe (ou papai)?"

Quando a criança sabe que poderá contar tudo aos pais sente-se mais forte e participativa. Depois eles não devem deixar de ouvir o que ela quer contar. É a maneira de estar presentes mesmo ausentes.

A ARRUMAÇÃO DA MOCHILA ESCOLAR

Ao arrumar a mochila escolar deixe, sempre que possível, a criança ajudar. Permita que ela escolha um dos lanches, pois isso lhe dá a sensação de domínio da situação. E faça seu filho carregar o que ele puder. A mãe não deve levar tudo — mochila, lancheira, pasta, agenda, brinquedo, trabalhinho — enquanto a criança corre na frente com as mãos livres.

A mãe não deve confundir o desejo de ajudar com o de fazer pelo filho.

Deseduca a criança a mãe que carrega a mochila, pois o filho acaba acreditando que carregar as mochilas da vida é obrigação da mãe. Assim ele usufrui uma liberdade dependente, isto é, sua liberdade depende do esforço de outra pessoa. Esse é o perfil do folgado, já que a mãe ofereceu-se para assumir o de sufocada...

A energia desperdiçada no ato de preparar e carregar a mochila deve ser empregada de forma mais adequada — no acompanhamento do rendimento escolar e comportamental do filho.

EVITANDO A REPETÊNCIA NA ESCOLA

Geralmente a repetência escolar começa já nas primeiras provas do ano, quando o aluno vai mal em algumas matérias. O importante é recuperar-se quanto antes, sem deixar para estudar na última hora. As crianças e os adolescentes tendem a largar a atividade que rende pouco ou mal. É por isso que eles vão de mal a pior. Empenham-se mais naquilo em que vão bem: do bom para o melhor.

Se os pais acompanharem o rendimento escolar do filho desde o começo do ano, poderão identificar precocemente essas tendências e, com o apoio dos professores, reativar seu interesse por determinada disciplina em que vai mal.

A tarefa de estudar é do filho, só dele. Portanto, é ele que vai escolher o horário e o método de estudo, mas somente poderá dedicar-se a outra atividade depois de dar uma aula aos pais sobre a matéria estudada usando as próprias palavras e demonstrando não ser *decoreba*. Essa aula é a parte mais importante do estudo, pois comprova seus conhecimentos.

Talvez pareça um chavão, mas, diante da realidade atual, convém ressaltar: é necessário acompanhar muito bem a vida escolar do filho, atento a tudo o que se passa na classe, no recreio, na entrada e na saída da escola. Isso é tão importante quanto levá-lo à escola e buscá-lo. Caso os pais não possam pegar o filho na escola, devem encarregar alguém de fazer isso. Se não há ninguém para ajudá-los, vale a pena telefonar para o filho e dar um alô. O que não pode é haver indiferença, não saber se ele voltou para casa ou se chegou machucado ou feliz...

ESTUDAR É OBRIGAÇÃO

O saber é essencial, portanto estudo não se negocia. O filho tem de estudar e ponto. Como vai estudar? Aí cabe a possibilidade de conversar e negociar horários etc.

A escola é essencial para a vida. Não pode estar sujeita a caprichos infantis.

Em ambientes em que o estudo tem valor, a cultura é privilegiada, os pais valorizam o aprendizado, compram livros e revistas interessantes e lêem jornal, é raro a criança não querer estudar. É privilégio de quem estuda uma língua aproveitar bem uma viagem que abra horizontes.

O melhor estímulo para aprender é a curiosidade. Pode-se estimular a curiosidade do filho perguntando a ele como funciona um brinquedo, as regras de um jogo de que ele gosta, o que achou do enredo do filme a que assistiu etc. Criança gosta de demonstrar conhecimentos bem como de exibir suas habilidades manuais.

Educação é qualidade de vida e saúde social. Em banheiros públicos, os que têm mais educação consomem menos papel-toalha e limpam a pia com o próprio papel que usaram antes de jogá-lo no lixo (mesmo que a lixeira fique longe). Pessoas com cultura e pouca educação gastam mais papel-toalha, não limpam a pia e, caso a lixeira não fique perto, jogam no chão os papéis usados. Quer dizer, quem tem cultura e educação tem mais saúde social. É paupérrimo aquele que não tem educação nem cultura...

Vive melhor quem tem cultura, pois está mais capacitado a superar obstáculos e resolver problemas do cotidiano. Bem informado sobre as doenças e a ação dos medicamentos, quem tem cultura e educação segue as orientações médicas e obtém resultados melhores com os tratamentos.

Quem tem diploma universitário ganha seis vezes mais que aquele que cursou somente o ensino fundamental, e cada ano de estudo representa 15% a mais no salário. Ganhar mais, porém, não garante uma boa educação.

Não é à toa, portanto, que os pais devem exigir que os filhos, além do estudo, tenham educação, pois ambos são bons alimentos da auto-estima, base da felicidade.

LIÇÃO DE CASA E AUTO-ESTIMA

Se a mãe e o pai querem que os filhos se saiam bem na escola é essencial que estimulem a criança e o adolescente a tirar proveito do estudo feito em casa. Uma dica importante é não estimular a *decoreba*, a indigestão do aprendizado*, em que o aluno apenas repete a matéria sem refletir sobre seu conteúdo. Com isso, ele não sabe usar a informação em outros contextos, pois não a absorveu como conhecimento.

Em vez de estabelecer horários para a criança estudar ou de controlar seu estudo, insisto em que os pais devem pedir a ela que lhes dê uma aula sobre o que estudou com as próprias palavras. Se tiver aprendido mesmo, ela saberá transmitir seus conhecimentos.

Em geral, as escolas dão tarefas de casa que a criança pode fazer sozinha.

Quem sabe fazer aprendeu fazendo.

> *Se o filho sabe estudar,*
> *aprendeu estudando.*
> *Ninguém pode estudar por ele.*

O que leva alguns pais e mães a fazer as lições de casa dos filhos?

Intenção de prejudicar, eles certamente não têm. Mas acabam prejudicando. O propósito é adoçar a pílula, facilitar a vida do filho. Por que o pobrezinho tem de se esforçar tan-

---

* Sobre *decoreba* leia "Abaixo a decoreba!", de meu livro *Disciplina: o limite na medida certa*, e "Decoreba: a indigestão do aprendizado", de *Ensinar aprendendo* (ambos publicados pela Editora Gente).

to se em pouco tempo eles podem fazer o que o filho levaria a tarde inteira?

Fazer significa aprender. Como não aprendeu, a criança perde aquela parte e está sujeita a ter mais e maiores dificuldades na aula seguinte. Estudo é progressão – portanto, ela vai de mal a pior.

Crianças precisam de apoio quando vão mal. Se vão bem, dispensam esse apoio, pois aprendem depressa.

Essa é uma boa oportunidade de ensinar aos filhos que existem diferenças entre as pessoas. Mostrar que ele pode ser ruim numa coisa e bom em outra. Não é porque vai mal numa disciplina que irá mal nas outras, recebendo a qualificação de mau estudante. No entanto, se abandonar o que já está mal das pernas, a situação só vai piorar...

Seja como for, eles devem estudar primeiro a matéria de que não gostam, pois aquilo de que gostam estudam a qualquer hora.

Com a criança obesa a situação se inverte: primeiro ela come o que mais gosta, pois pode deixar com mais facilidade no prato aquilo de que não gosta. Se comer primeiro os alimentos de que não gosta, depois não vai rejeitar o que gosta embora esteja satisfeita.

No estudo, se ela deixar para depois a matéria de que não gosta, será mais difícil estudá-la quando não tiver mais disposição.

**Nas tarefas escolares,
ajudar não significa fazer pelo filho.
Quem tem de fazer é a própria criança.**

Ela tem dificuldade de pintar? Não importa. A pintura ficou feia? Deixe seu filho levar um trabalho ruim para a escola. É desse ponto que começa a melhora, pois a prática também ensina. A melhora é um excelente estímulo para progredir. E o que ele fez serve de base para dar o passo seguinte.

Se a mãe fez o trabalho, qual é a base do filho para dar o passo seguinte? Como fazer algo mais feio do que já fez? Assim, a mãe, além de não ajudar, prejudica a auto-estima da criança porque tira sua possibilidade de realização. É da prática que nasce a perfeição. Ao comparar seu desenho com o da mãe, o filho pode sentir-se diminuído.

Aprofundando-nos um pouquinho mais na psique infantil, podemos concluir que uma criança com baixa auto-estima talvez se sinta rejeitada se seu desenho não for aceito. Da mesma maneira, pais que se antecipam na ajuda ao filho, sem esperar que ele a peça, podem transmitir a impressão de que não acreditam que ele é capaz de fazer sozinho. Assim ele acaba desacreditando de si mesmo. Não há auto-estima que resista a esse descrédito.

Caso a mãe deseje ensinar, deve fazê-lo em outra folha, e não na da escola. Nessa folha avulsa, ela pode escrever, pintar e desenhar. A folha da escola é responsabilidade da criança.

Se a criança consegue fazer sozinha um risco na orelha do gato, fica tão realizada que se estimula a dar o próximo passo. Quando porém é a mãe que faz, esse é o primeiro breque. A criança sempre pára antes do ponto que acha que não conseguirá ultrapassar: se não terminar uma lição, não vai querer ir à escola.

A criança sabe da verdade: não foi ela que fez. Sente a auto-estima quebrar-se dentro dela e julga-se cada vez mais incapaz de fazer o que poderia. E o pior: ao entregar um trabalho feito pela mãe, está mentindo. Tudo fica pior quando os pais dizem: "Meu filho não mente". Talvez seja verdade porque a mãe mente mais que o filho.

Sobretudo nos primeiros passos na escola, os pais não devem contratar professores particulares. Levem a dificuldade à escola, contando com os professores para ajudar o filho a superá-la, e não com recursos extra-escolares. Uma das funções educativas mais importantes é capacitar o filho para a sobrevivência.

A auto-estima é a principal base para encontrar um bom lugar no mundo.

A criança precisa sentir-se amada. Esse amor que vem de fora para dentro vai se transformar em auto-estima essencial. À medida que a criança cresce, a auto-estima se alimenta da capacidade de realização. Cada vez que ela consegue encaixar um objeto de seu brinquedo pedagógico no lugar correto sente um grande prazer e o manifesta num sorriso ou até mesmo batendo palminhas, numa espécie de auto-aplauso. Assim se forma a auto-estima fundamental.

O alimento da auto-estima também muda conforme a idade. É como o alimento físico. No começo o corpo é nutrido somente de leite. Conforme amadurece, a criança precisa de outros nutrientes, portanto o cardápio vai aumentando até chegar à feijoada. Ao encaixar objetos, fazer as próprias lições e até mesmo futuramente enfrentar desafios, a auto-estima dela se fortalece.

Ao praticar, ela aprende mais que apenas ouvindo. A memória da ação é mais intensa que a da compreensão. Aliás, com os adultos também é assim. Ao fazer pelos filhos o que eles já são capazes de fazer, mãe e pai alimentam uma falsa alegria e inviabilizam o desenvolvimento da capacidade de ser feliz.

Capítulo 6

Pais
separados

... QUE AINDA VIVEM JUNTOS

Imagine um barco cujos tripulantes são pai, mãe e filhos. A tragédia seria o barco afundar e todos morrerem afogados. De repente, começa a entrar água no barco. Então o marido ou a mulher, em vez de ajudar a tirar a água, começa a reclamar com o cônjuge: "Antes de sair você não verificou se o barco estava bem vedado?" Enquanto isso, o outro tira a água freneticamente. Essa não é uma família, é apenas um agrupamento de pessoas. Elas estão juntas na mesma situação, mas não unidas.

Se a esposa está com problemas em casa e, em vez de ajudá-la, o marido a critica, não está fazendo nada para melhorar. Se ele vai mal na empresa, está sob ameaça de desemprego, e ela o desqualifica, isso em nada contribui para tirá-lo do buraco.

Quando o filho vai mal na escola, há pai que, em vez de ajudá-lo a superar as dificuldades, culpa a esposa. Se o filho lhe responde mal, em vez de pedir explicações ao filho, cobra da mulher: "Tá vendo como está seu filho? Também você não pára em casa". Por sua vez, ela retruca: "Você é o culpado porque nunca deu atenção aos filhos, seu egoísta e omisso!" E vai daí para pior... Isto é, o barco vai para o fundo.

Se o filho está infeliz porque brigou com a namorada, o pai lhe oferece dinheiro para ir ao shopping e a mãe o consola: "Não tem importância, mamãe te ama". Nem o pai nem a mãe perceberam o sofrimento afetivo do filho. O pai tenta compensá-lo materialmente e a mãe se julga a pessoa mais importante na vida do filho...

A falta de sintonia entre os familiares é indício de grave doença relacional.

Não tem importância que um ou outro membro da família não saiba tirar a água que invade o barco. Em momentos difíceis, eles devem unir forças para não deixar o barco afundar. Essa é uma família.

Nas últimas décadas, essa instituição vem enfrentando inúmeros desafios, que muitas vezes pegam de surpresa mãe, pai e filhos. Atravessar tormentas sem afundar ou, pelo menos, evitar que os passageiros se afoguem exige maturidade do casal.

SEPARAÇÃO DOS PAIS

Os sinais de que o relacionamento vai mal aparecem muito antes de o casamento naufragar.

▌ **Sinal amarelo congelante**. Começa a haver afastamento físico. O diálogo diminui, pois não há assunto entre o casal. Nada mais é compartilhado entre eles. O que está mal, em vez de ser resolvido, é simplesmente jogado debaixo do tapete. A solicitude diminui. Um dos dois (ou ambos) não está mais disponível como antes. *Não tem disposição nem disponibilidade para nada que se refira ao casal.* Pára de prestar atenção no outro. Nem percebe quando ele está aborrecido. Um está muito preocupado com uma reunião importante, e o outro nem se interessa. Não dormiu a noite inteira, ficou de cama, doente, e o cônjuge não se importou.

I Sinal amarelo explosivo. Os cônjuges explodem por tudo e por nada, zerando a tolerância. Nada lhes agrada e qualquer tentativa de retratação é recebida com agressão. Fazem acusações mútuas e responsabilizam sempre o outro por tudo de ruim que acontece com a casa, as crianças e até mesmo no relacionamento com a grande família. Sobram estilhaços para todos os lados e os mais atingidos são os filhos, que geralmente nada têm a ver com essa guerra.

I Sinal amarelo congelante-explosivo. Como cada cônjuge tem seu ritmo, pode acontecer de um deles estar congelando por desinteresse afetivo e o outro explodindo por não suportar a situação.

I Sinal vermelho. A maioria das pessoas parece mais atraente que o cônjuge. Quando se deixa de gostar de alguém, é comum olhar outras pessoas e imaginar situações de intimidade com elas.

I Sinal roxo. Um cônjuge, ou ambos, além de não sentir falta do outro, é tomado por uma sensação de alívio quando fica sozinho. Não há mais motivo para continuarem juntos. É um sinal terrível!

I Sinal preto. Um cônjuge quer eliminar o outro de sua vida. O clima fica tão ruim que o que eles querem mesmo é "matar" o outro: "Ainda que custe minha vida, acabo com ele(a)". Isso é tão sério que mesmo depois de separados continuam com o desejo de matar, em seu sentido mais amplo: judiar, ofender, menosprezar, diminuir, ridicularizar etc.

Içami Tiba

O FATÍDICO ALMOÇO DE DOMINGO

A dor do cônjuge traído é muito forte e durável. E não tem hora certa para atacar. Num belo domingo, a família vai almoçar no restaurante. Todo mundo feliz. O traído percebe o cônjuge olhando para outro lugar. É impressionante! Olha na direção em que o cônjuge olhou e descobre o(a) rival. Esquece-se da presença dos filhos e ataca: "Você não tem jeito mesmo! Apronta até na minha frente!" Os ataques podem ir da ironia fina à franca agressão.

Se eles querem conversar a respeito de traição, que seja em situação conjugal, e não familiar. Os filhos não devem participar das dificuldades conjugais.

Mãe, pai e casal de filhos almoçavam em casa num domingo. Ela comia muito e estava engordando bastante. O marido fez um comentário maldoso: "Você fica comendo tanto e depois vai virar um bucho". Na frente das crianças, ela respondeu: "E para que eu quero emagrecer se você já não funciona há muitos anos?!"

Ele quis cutucá-la, ela revidou. Ambos miraram os pontos fracos do outro, usando a verdade como arma. Contra a verdade não há argumentos. Jogaram mais para agredir que para tentar remediar. No momento da briga, os pais não percebem a presença dos filhos.

O almoço de domingo é excelente quando todos estão bem, mas quando há ressentimento, mágoa, ciúme, rejeição, raiva e desdém é preciso ficar atento, pois qualquer motivo é pretexto para atingir o outro.

ALIMENTANDO A AUTO-ESTIMA FAMILIAR

O tempo de convivência familiar diminuiu bastante, mas comer continua sendo necessário. É importante que os pais dêem mais importância à companhia dos filhos e ao papo que rola solto que à refeição propriamente dita. A boa convivência familiar é o melhor alimento da auto-estima que leva à saúde social.

Um dos filhos diz que não tem fome, outro que não quer comer. Então que não comam, mas devem sentar-se à mesa com todos para papear, trocar idéias, jogar conversa fora, contar piadas, fatos interessantes, acontecimentos inusitados e fofocas. O importante é que o clima seja agradável, portanto não é hora de cobrar dívidas, dar broncas, chamar a atenção ou conversar sobre assuntos que diminuam, ridicularizem ou constranjam alguém. Para tudo isso há outros momentos mais oportunos.

Nessa hora não vale ficar isolado no quarto, mesmo plugado no mundo através da internet, ou largado na frente da televisão, ou até curtir um *diskman* ou *walkman,* com o som radical despejado diretamente no cérebro através dos fones de ouvido, muitíssimo menos entabular uma longa, pausada e/ou apaixonada prosa ao telefone...

O ambiente de time familiar se forma nessas reuniões, que dão a cada um a sensação de ter alimentado a alma.

Quanto mais os familiares se reúnem, mais assuntos têm para as próximas reuniões. Quem não pode participar sente falta do time, e o time se ressente de sua ausência. Desenvolve-se a sensação de pertencimento, que fornece o alimento para a auto-estima grupal (o orgulho e o bem-estar de pertencer a um grupo ao qual se dedicam integralmente).

Se for impossível alimentar a alma todo dia, sejam quais forem os motivos, a família deve organizar-se para que ao menos uma vez na semana aconteça a reunião familiar, na qual comidas e bebidas são caronas.

Quem pertence a um time familiar (grupo) tão forte não fica tentado a participar de grupos como seitas religiosas, traficantes ou usuários de drogas etc.

DE QUEM É A CULPA?

Alguns casais já estão definitivamente separados, mas não assumem essa condição perante os filhos. A mamãe diz: "Papai está viajando a negócios". Ou utiliza argumentos ainda mais esfarrapados: "Está trabalhando muito, estressado". E mantém os filhos na ignorância, na ilusão de que não perceberam nada.

O pior é o comportamento duplo: o casal vai muito mal e perante os filhos finge estar bem. Não é raro dormir em quartos separados com uma desculpa qualquer. É necessário manter a privacidade do casal, mas o esforço de sustentar uma situação fictícia nem sempre compensa: a certa altura as crianças acabam percebendo que alguma coisa não vai bem. Não é saudável aparentar algo que não existe.

Numa casa, a mãe dormia num quarto, os filhos no outro e o pai num terceiro. E não se separavam. Eventualmente, ele tinha casos extraconjugais. Mas disso ela nunca reclamou. A mulher preferia tê-lo dentro de casa não como marido, mas como bom pai que era. O casal achava que mesmo assim a presença do pai era melhor que sua ausência.

A maneira como o pai e a mãe enfrentam a separação e suas conseqüências pode influir na vida futura dos filhos. Alguns casais prometem nunca se separar após o casamento, custe o que custar. Outros separam-se com facilidade doentia diante de qualquer contrariedade. O melhor caminho é a verdade. Os cônjuges não estão mais se entendendo? Não há mais condições de convivência? Os sinais de mau relacionamento estão muito avançados? Está na hora de o casal resolver a situação. O que não deve é desgastar tanto o relacionamento a ponto de os filhos não conseguirem escapar dos problemas que não são deles.

Pode ser que eles resolvam separar-se. Serão ex-cônjuges, mas ele continua sendo pai, e ela, mãe dos filhos. Não devem tornar-se também ex-pais, pois os filhos são para sempre.

Muitas vezes, saber a verdade traz alívio para crianças e adolescentes. Praticamente não existe possibilidade de os filhos não serem envolvidos pelo clima existente entre os pais. Não raro, eles próprios chegam a sugerir: "Por que não se separam?"

O ciúme bem dosado é um tempero da relação. Mas o doentio aprisiona o outro, que inicia um processo interior de libertação (separação).

Se um dos dois se atrasa, o outro faz escândalo. Acha que chegou tarde porque preferiu ficar com outra pessoa ou desfrutar alguma situação. Os atrasos podem ter vários motivos. É melhor procurar saber o que aconteceu antes de infernizar o parceiro.

O importante é estar junto preservando a individualidade, porque lidar bem com o cônjuge é uma manifestação de saúde relacional que pode ajudar a se relacionar melhor com os filhos.

Como disse anteriormente, a relação extraconjugal não deve ser discutida pelo traído na frente dos filhos. O casal precisa conversar sem testemunhas. É pouco produtivo buscar o culpado pela traição, sobretudo com as crianças presentes. A historieta a seguir mostra como a platéia pode ser volúvel.

Numa cidade pequena, o povo foi surpreendido por um roubo no banco.

— Quem roubou o banco? — todos perguntavam.

Descobriram que o culpado fora o honrado caixa do banco. Todos se revoltaram contra ele. Depois de algum tempo, levantou-se nova questão:

— Mas por que um homem honrado, bom chefe de família, roubaria um banco?

Descobriram que o caixa tinha uma amante. Todos a odiaram. Nova solução, mais uma intriga instigante:

— Mas por que o caixa tinha amante?

Descobriram que a esposa era fria com ele. Todos a odiaram. Com a verdade restabelecida, logo mais um questionamento surgia:

— Mas por que a esposa era fria com ele?

Assim, a cada vítima, o povo se revoltava, depois a compreendia e a perdoava. Mas o povo precisava de assunto... Quem seria a próxima vítima?

É preciso cuidado para que essa historieta não se repita dentro de casa...

CONVERSA COM OS FILHOS

A separação de um casal sem filhos em geral é tão simples como o fim de um noivado ou de um namoro. O casal sofre, mas não envolve muito outras pessoas. E a separação de bens quase sempre já está prevista no contrato de casamento. Quando o casal tem filhos a situação se complica. É preciso, ao conversar com eles sobre a separação, seguir algumas regras claras e sensatas em relação às questões básicas:

▌ Explicar o motivo da separação (sem entrar em muitos detalhes nem em questões subjetivas).

▌ Informar quando e como será (informações práticas).

▌ Explicar o que acontecerá com eles (sem responsabilizá-los nem envolvê-los, estando porém abertos a ouvir seus desejos).

▌ Dar guarida a todos os sentimentos.

▌ Responder a todas as perguntas pertinentes.

▌ Reforçar o fato de que não serão ex-pai nem ex-mãe.

O melhor momento para falar da separação com os filhos é *depois de ela ser decidida e assumida pelo casal.* Não é o que costuma acontecer. Geralmente um dos cônjuges está secretamente envolvido com outra pessoa e vai saindo de casa aos poucos. Talvez o outro tenha percebido há tempos, mas, para não prejudicar os filhos, sofre calado. Contudo há situações em que toda a família é surpreendida.

Não há motivo para conversar com os filhos a cada momento sobre tudo o que acontece com o casal: se saíram juntos, se brigaram, se estão pensando em se separar etc. Mesmo que sejam afetados, os filhos não devem viver a situação conjugal. É preciso poupá-los sobretudo dos sinais amarelos, sejam congelantes, sejam explosivos, que ora abrem para o verde, ora para o vermelho.

A melhor conversa é a do casal com todos os filhos*, pois evita que cada um receba a mesma notícia de maneira diferente, não só porque os pais falam de conteúdos e formas distintos mas também pelas diferenças de idade entre eles, que levam a divagações sofridas e desnecessárias.

Nem sempre essa solução é possível, pois é difícil juntar pais já separados, sobretudo quando restam conflitos conjugais que não foram resolvidos. Se resolverem conversar separadamente com os filhos, devem tomar cuidado para não deixá-los na posição de árbitro ou de prêmio, sem acusar o cônjuge ausente, que não tem como se defender, nem mobilizar os filhos contra ele à medida que manifestam seus sofrimentos, maximizados ou não...

Convém lembrar sempre que o filho não vai sair fortalecido se um dos pais for massacrado, justa ou injustamente, pelo outro.

O melhor lugar para ter essa conversa é a própria casa, sem interrupções de qualquer natureza. É importante reservar bastante tempo, para que todos os filhos sejam ouvidos. Não se deve interromper o fluxo das emoções — raiva, culpa, lágrimas ou agressividade têm de ser expressas. Os pais devem responder de forma exata, mas não fria, às perguntas, com o cuidado de delimitar o que é problema conjugal e o

---

* Leia mais sobre o assunto no capítulo "Pais separados", de meu livro *Seja feliz, meu filho!* (Editora Gente).

que diz respeito ao relacionamento entre pai e filhos e mãe e filhos. Teoricamente, os dois últimos não deveriam mudar. Por isso é preciso que todos se manifestem se forem atingidos de forma indevida.

A idéia de conversar fora de casa pode ser boa, contudo em ambientes estranhos os filhos tendem a ficar pouco à vontade para expor seus sentimentos, pensamentos e sensações, ainda mais se for um lugar público. Em restaurante nem pensar, pois existem muitos outros afazeres que concorrem com a conversa, os garçons estão sempre em volta e o tempo é determinado pela duração da refeição...

Às vezes, ao receber a notícia da separação, os filhos a aceitam sem reação, isto é, "engolem o sapo". Digerido ou não, com o tempo o sapo terá de ser eliminado. Então podem surgir reações aparentemente inesperadas, através de comportamentos que escapam ao controle, como queda no rendimento escolar, grande apatia, insônia, isolamento e até mesmo somatizações como dores de cabeça, estômago e mau funcionamento intestinal. Tudo pode doer. É o corpo chorando as lágrimas que os olhos contiveram.

Distúrbios fisiológicos e psicológicos dos filhos podem ser lágrimas do corpo que os olhos não puderam chorar.

Durante a conversa, pai e mãe precisam ficar atentos para não responsabilizar os filhos nem arrancar promessas de ninguém, evitando ao máximo acusações e cobranças mútuas. Deixar bem claro que os filhos não têm culpa nem poder de separar ou unir o casal e que a responsabilidade de pai e mãe e essa relação afetiva não se desfazem jamais. Contudo, como ex-cônjuges, eles terão de fazer modificações que afetarão a vida da família.

É comum as crianças pequenas pensarem que os pais resolveram separar-se por causa de algo errado que elas fizeram: "Eu não vou bem na escola", "Papai está bravo comigo, por isso vai embora". A criança pode se culpar e se responsabilizar pela separação por ter sentido ódio do pai ou da mãe por qualquer razão e desejo de não vê-lo mais pela frente. Isso é natural, pois as crianças pequenas vêem o mundo de forma egocêntrica.

Cada filho tem uma capacidade de compreensão e de absorção. Os pais precisam encontrar estratégias que tragam menos sofrimento à família, lembrando que a criança sente, pensa, age e existe de maneira muito diferente do adolescente.

Não é possível evitar o sofrimento dos filhos com a separação. Mas há separações obrigatórias para que eles sejam preservados, caso das famílias muito desestruturadas, com pai (ou mãe) drogado, desequilibrado, violento, que grita e bate em todo mundo ou assedia sexual e moralmente os filhos. Nesse caso, a separação é solução. Traz alívio para todos.

Quando os casais decidem separar-se, fazem uma tentativa de melhorar suas vidas, mas podem piorá-las se, mesmo separados, continuarem brigando. Então tudo se complica.

Há ex-cônjuges que não se falam. Quando se encontram, é só briga. Ambos tumultuam a vida dos filhos porque os utilizam descaradamente para descarregar emoções e conflitos irresolvidos. O melhor a fazer nesses casos é assumir a incapacidade de resolver a situação e delegar poderes a pessoas capacitadas, como advogados e representantes apropriados, pertencentes ou não às famílias dos querelantes, mas de absoluta confiança de ambas as partes.

Nas gerações passadas, os filhos de pais separados eram considerados problemáticos e até segregados de forma preconceituosa. Hoje sabemos que os problemas dos filhos surgem em função dos desajustes dos pais, sejam ou não separados. Geralmente uma boa separação ajuda muito mais os filhos que a conservação de um mau casamento.

UNIVERSO DOS "EX"

Ao longo da vida pode-se trocar de companheiro, desde que a morte do amor os separe. Viver bem juntos é desejável, mas viver unidos pelo compromisso firmado no passado, quando nada mais existe entre ambos, é pouco saudável. Como disse o grande poeta Vinicius de Moraes, o amor é infinito enquanto dura.

O homem e a mulher se comportam de modos distintos na separação. Os bens são divididos: ele fica com os bens materiais, o dinheiro; ela com os bens afetivos, os filhos.

Hoje em dia não é raro que a mulher separada com filhos volte a morar com os pais, principalmente por questões econômicas e administrativas. Não é uma reminiscência machista, pois a que pode continua morando em sua casa com os filhos enquanto o marido sai de lá.

Percebo que o homem separado age muito diferente da mulher. Alguns homens desaparecem da vida dos filhos e agem como se fossem solteiros. Saem de casa e vão para um *flat*, abandonando o esquema familiar. Se têm dinheiro, querem morar sozinhos e aproveitar a liberdade. Se querem liberdade é porque se sentiam presos. Vivem um período de nomadismo sexual. Às vezes, cumprem apenas o que a lei determina em relação à antiga família. Acabam se transformando em "ex-pais".

Entretanto, o homem está evoluindo muito, embora lentamente, e alguns que têm condições, ao "montar" sua moradia, reservam também um ambiente para os filhos, que podem dormir na casa do pai nos fins de semana ou em qualquer outro dia. Esses ex-maridos não vão se transformar em ex-pais. E os filhos podem contar com eles, pois muitas vezes se revelam até mais participativos do que antes, quando eram casados.

Recentemente, vi um homem trocar as fraldas de uma menina com menos de 2 anos de idade num assento de avião em pleno vôo. Constatei que eram pai e filha. Trocar fraldas do bebê em casa muitos pais já fazem, mas viajar sozinho com bebê que come "comidinhas de bebê" e ainda usa fraldas é um bom avanço para não se transformar em ex-pai.

O homem descasado se ufana da nova independência e autonomia. Logo arruma companheiros(as) para a farra. Enquanto isso, a mulher ainda se sente desvalorizada se não tem um companheiro ou uma relação estável. E talvez compense a frustração afetiva conjugal com o exagero no papel de mãe. Essa compensação pode prejudicar muito os filhos devido à hipersolicitude e à desvalorização da figura feminina, totalmente transformada em mãe.

Nem sempre, porém, os acontecimentos seguem esse padrão. Há homens que sofrem muito por ter sido "largados" pela mulher, que ficou com os filhos. Há também mulheres que ficam muito mais soltas e saem à noite, viajam com amigas, realizam sonhos antes impossíveis, inclusive assanhamentos até há pouco impensáveis.

Certa vez atendi uma família que não era muito diferente da maioria das famílias cujos pais se separam. Era um casal de classe média com três filhos menores. O pai começou a ter grande ascensão profissional e ganhar muito dinheiro, a ponto de comprar uma casa luxuosa e um carro importado, além de uma linda casa numa praia badalada.

Descobriu-se que tinha um caso com a secretária, muito mais jovem que ele. O homem resolveu então sair de casa, comprometendo-se a não deixar faltar nada para os filhos. Prometeu que nada mudaria entre eles.

Mas, à medida que o relacionamento do pai se firmava com a outra, os compromissos assumidos com a antiga família foram sendo deixados de lado.

Pouco tempo depois essa família recebeu o convite de casamento do pai com a ex-secretária, grávida de seis meses. A festa foi num conceituado clube da cidade, sob ampla cobertura pelas colunas sociais. Os filhos não foram ao casamento.

O pai começou a reclamar que os filhos o rejeitavam e a acusar sua ex-mulher, mãe dos seus filhos, de manipulá-los.

Continuou ganhando bastante dinheiro, e o que tinha ganhado até então ficou mais com ele que com a ex-esposa, a qual havia lhe ajudado a construir o belo patrimônio – agora usufruído pela nova esposa.

Aliás, essa situação é comum: quem luta é a primeira esposa; quem desfruta é a segunda.

Felizmente, nem todas as separações são assim. Quanto mais saudáveis os homens, menos esses tipos de comportamento acontecem.

Em geral, a mulher fica com os filhos e mantém a dinâmica familiar. Se arruma um namorado, ele entra numa família constituída. Portanto, ela continua no es-

quema familiar, enquanto o ex-marido volta à vida de solteiro.

No entanto, às vezes os filhos manifestam o desejo de morar com o pai. É preciso averiguar se o interesse das crianças se deve ao afeto ou à possibilidade de ter uma vida economicamente mais folgada e psicologicamente mais solta que na companhia da mãe. O homem separado tem a liberdade de fazer o que quiser. Mas logo percebe que precisa cuidar das próprias roupas, da comida e de tudo o que era feito ou cuidado antes pela esposa. Nem sempre ele consegue estruturar a vida sem a ajuda de uma mulher.

Viver sozinho por aventura pode ser gostoso, mas por obrigação torna-se difícil. Não raro o homem descuida da roupa, alimenta-se mal e desorganiza às vezes até a vida profissional. A sensação de independência e autonomia logo se transforma em solidão, e ele fica mais sujeito a doenças psicossomáticas, ao abuso de drogas e ao suicídio. Geralmente esses são os sintomas de um ex-pai.

Não há ser humano que não precise de uma família. Ele pode até viver a situação transitória de estar sozinho, mas os momentos mais importantes de sua vida foram os familiares. Mesmo para morrer é muito ruim não poder contar com o conforto físico, afetivo e espiritual da família.

SEPARADA E EXUBERANTE

Quando o homem é machista, a mulher se liberta com a separação. Do ponto de vista pessoal, ela em geral sai ganhando. Com maior autonomia, cuida-se mais, empenha-se no trabalho, tem mais possibilidades de participar de reuniões e de viajar. Deixa de ser uma mulher do lar (caseira) que trabalha e adquire o *status* de pessoa que trabalha e tem um lar. Muitas mulheres tornam-se mais exuberantes ao se divorciar, separar ou enviuvar. Antes, onde estava essa exuberância? Elas se apagavam para acompanhar ou dar sustento ao crescimento do companheiro.

Em certa ocasião, acompanhei um casal que se separou. Ele se mudou para um flat e descobriu que era muito ruim viver sozinho. Uma bagunça! Odiava ter de pensar no que comer e era um sofrimento escolher o que vestir. Antes, a esposa cuidava de tudo. Conclusão: levou a secretária para morar com ele.

Com o tempo, os ternos já não lhe caíam bem. Em vez dos modelos de grife que a ex-esposa lhe comprava, passou a usar os que a atual companheira, que continuava sua secretária, achava em grandes magazines.

A ex-esposa, que ficou com as filhas, começou a trabalhar fora. Canta no coral do clube. Faz visitas e recebe as amigas, com quem sai e viaja freqüentemente. Está mais bonita e exuberante. Sua vida melhorou.

FAMÍLIAS UNIPESSOAIS

Morar sozinho é uma tendência mundial. Somente na cidade de São Paulo há 318 mil famílias unipessoais, sendo 42% do sexo masculino e 58% do feminino, compondo 10,7% dos lares existentes, mapeados pelo IBGE no Censo 2000. Em todo o Brasil mais de 4 milhões de pessoas vivem sós.

É muita gente morando sozinha? Então saiba que São Paulo está em oitavo lugar no país, pois em primeiro vem Porto Alegre, com 17,2%, e em seguida Rio de Janeiro (13,6%), Florianópolis (12,9%), Vitória (11,9%), Curitiba (11,3%), Belo Horizonte (11%) e Salvador (10,8%). Na comparação com duas cidades dos Estados Unidos, lá esse percentual é ainda maior: Washington (39,5%) e Nova York (27,2%).

Existe também um movimento em sentido contrário: o dos filhos maduros que trabalham mas ainda moram com os pais.

Os que moram sozinhos enquadram-se em dois perfis:

1. Viúvos com filhos crescidos que saíram de casa – grupo composto na maioria de mulheres que não quiseram casar-se outra vez.

2. Jovens que não quiseram constituir a tradicional família, solteiros ou casados que preferem morar separados.

Boa parte dos que estão sós é por escolha própria, visando melhorar a qualidade de vida. Será que teria sido tão sofrida a vida em família? Outra parte é composta de pessoas de baixa renda que, por diversos motivos, ficaram sozinhas. Essas, além de sós, sofrem de solidão.

Não é porque se vive só que se é solitário, pois cria-se *certa solidariedade formal entre vizinhos.* É claro que nenhum vizinho fica batendo na porta do outro, mas diante de uma necessidade mais urgente é a vizinhança que acode antes de a família chegar. Outro tipo de vínculo passa a existir, bem diferente do familiar. A maioria não desgosta da família, mas prefere-a como visita.

As famílias unipessoais mostram que a constituição familiar tradicional está se modificando. O mercado imobiliário e outros adaptam-se ao consumidor *single.* Jamais passaria pela cabeça de uma chefe de família comprar uma colher de purê de batata e uma coxinha de galinha. Pois atualmente os supermercados vendem porções individuais de salada, lavadas e prontas para comer, sem que se tenha de comprar um pé de alface e comê-lo até não agüentar mais.

É preciso ficar atento ao rumo da civilização. Esses dados indicam que a educação tem realmente de atingir novo patamar: a saúde social.

OS FILHOS NO FOGO CRUZADO

Em algumas separações, a mãe e o pai usam os filhos como armas na guerra inacabada entre ambos.

Muitos pais com boas condições financeiras acham um exagero pagar pensão alimentícia aos filhos, já que não convivem com eles. Vale a pena lembrar que, mesmo que a mulher não tenha trabalhado após o casamento, cooperou muito com o marido, dando-lhe base de sustentação para o trabalho. Assim, embora o pai tenha a posse do dinheiro, os dois lutaram para ganhá-lo.

Há também mulheres que tentam se aproveitar da separação para extorquir uma pensão exagerada, seja por interesse, seja para agredir o antigo companheiro ou até mesmo vingar-se dele.

Um não quer dar. Outro quer mais. Aí é que um realmente se recusa a dar até o mínimo indispensável. Isso leva o outro a querer muito mais... E a briga continua! O pai ataca os filhos para agredir a Ex-mulher. Briga para reduzir a pensão só para chateá-la. Usa os filhos em sua defesa em conflitos irresolvidos com a mãe deles.

Em meio a esses ardis todos, há seres humanos inocentes que precisam do pai e da mãe para se tornar cidadãos. Os casais separados não podem jamais esquecer as responsabilidades sobre os filhos.

Algum tempo atrás acompanhei um rapaz de 16 anos cujos pais haviam se separado há quatro. Ele morava com a mãe e quis morar com o pai, que ficou feliz com a idéia de ter a companhia do filho. A mãe estava prestes a concordar quando descobriu que o filho era usuário de maconha. Como o pai ficava fora o dia todo, o garoto usava sua casa para fumar com um amigo. A mãe também trabalhava fora, mas telefonava durante o dia e o incomodava.

Quando a maconha foi descoberta, chamei os pais. Foi muito bom ter conversado com ambos porque se responsabilizaram igualmente pelo filho. Estavam separados, mas continuavam pai e mãe. Embora não se falassem, o interesse pelo filho foi maior. Ele está em tratamento e parou de usar a droga.

PAI FOLGADO/MÃE SUFOCADA OU VICE-VERSA

Não é raro que o pai separado compre o perdão dos filhos com passeios e viagens. Arma-se, então, o modelo clássico do pai recreativo e da mãe sacrificada.

A mãe acompanha as tarefas da escola, leva ao médico, cobra disciplina. Acaba se tornando a "mãe chata". O pai faz grandes gestos, "aparece" na frente dos amiguinhos, leva o filho e toda a turma à lanchonete e faz festa com tudo... É o folgado que se transforma em "papai-show".

As crianças pisam na alma dos pais, que se remoem de culpa pela separação.

Quando um cônjuge assume a responsabilidade pela separação, sofre acusações e cobranças do parceiro e dos filhos, que descarregam nele — o culpado assumido — a raiva pela frustração de não ter mais os pais unidos. Se os pais não tiverem postura firme, de educadores, essa situação poderá atrapalhar a formação dos filhos.

MEU FILHO, MINHA VIDA!

Certa vez recebi no consultório uma jovem de 18 anos, filha de pais separados. Viera por causa da maconha. Percebi que seu problema era maior. O pai casara-se outra vez. A mãe, não. Empresária, dedicava todo o seu tempo livre à filha, que mora com ela. Vivia a vida da garota e a sufocava. Não tinha vida própria e impedia a filha de ter a dela.

O pai montou outra família, mas continuava desempenhando a função de pai. Conversava e orientava a filha quando necessário. Já fazia terapia. Sugeri à mãe e à filha que também fizessem terapia.

Quando a mãe recuperou sua dignidade, passando a ter vida própria, os problemas diminuíram.

Um dos grandes riscos da separação é que um dos pais se anule e passe a dedicar-se totalmente aos filhos. Naturalmente, eles crescem e se tornam independentes, o que a mãe ou o pai hipersolícitos não estão preparados para aceitar. É da vontade dos pais que os filhos cresçam. Mas tal crescimento implica maior autonomia, ter vida própria...

Então o pai e a mãe, ou um deles, ficam sozinhos porque os filhos alçam vôo e vão preparar seus ninhos em outro lugar. Se eles não tiveram vida própria por viver apenas para os filhos, podem ser acometidos da "síndrome do ninho vazio", mais insuportável ainda porque, depois de velhos, não sabem mais viver para si mesmos.

Ninguém deve viver exclusivamente em função do filho, pois não é possível nem saudável viver a vida de outra pessoa. **Cabe aos pais ajudar os filhos a ter vida própria. Essa, aliás, é a parte mais difícil da educação: preparar o filho para sua independência. O bom educador trabalha para que o educando dependa cada vez menos dele.** Há pais que dizem: "Quero meu filho sempre comigo. Saber tudo da vida dele, ser seu melhor amigo". Essa é uma pretensão que foge à realidade. Pai tem que ser pai. Mãe tem que ser mãe.

Filhos têm de singrar os mares da vida,
e não permanecer ancorados no porto,
por mais seguros que estejam.

Amizade é uma qualidade relacional diferente. Com o amigo, o filho faz farra, transgride, troca segredos íntimos, compartilha dores de cotovelo etc. Quando estão com amigos, os filhos fazem coisas que em geral não fazem com os pais.

Os pais devem educar. Pai e mãe podem ter um excelente relacionamento com o filho, mas atribuir-se o título de seu melhor amigo é pura pretensão.

"Adoro minha filha porque me conta tudo." Doce ilusão! Por mais que conte, não quer dizer que conte tudo. Conta as coisas que são "contáveis".

Capítulo 7

Diferentes relacionamentos familiares

A dinâmica das famílias mudou. Há casais que reúnem sob o mesmo teto os filhos do atual e dos antigos relacionamentos. E assim constituem uma grande e saudável família. Quando o mundo era mais machista, essas reuniões eram simplesmente impensáveis.

SEGUNDO CASAMENTO

Em geral, o segundo casamento é formado pelo homem sem filhos, porque os deixou com a ex-mulher, e pela mulher que traz consigo os filhos do primeiro casamento. O homem procura uma mulher muito mais nova enquanto a mulher tende a relacionar-se com um homem mais velho.

É interessante notar que o homem aceita ser substituído pelo padrasto, mas a mãe geralmente se recusa a abrir mão da maternidade.

Ela odeia, e proíbe quando pode, que os filhos chamem a nova mulher do pai de madrasta, palavra que deveria ser usada para nomear a nova mulher de um pai viúvo. Justifica-se com o argumento: "Enquanto eu for viva, sou *mãe* de vocês, e disso não abro mão".

Quando a mãe não consegue mais educar nem controlar os filhos sozinha, um novo companheiro pode contribuir para melhorar ou piorar a situação.

É pior quando o novo companheiro aceita ser desrespeitado e/ou desqualificado pelas crianças. A mãe pode ser responsável por essa situação ao cortar qualquer iniciativa dele e desautorizá-lo diante dos filhos. Tal comportamento materno leva as crianças a dizer: "Não enche, você não é meu pai!" Elas devem ser educadas para, no mínimo, respeitar os mais velhos. A maioria dos homens não aceita ser desrespeitada por crianças, mas tudo muda quando se trata dos filhinhos da nova companheira.

É melhor quando a mãe não aceita que os filhos abusem do novo companheiro e reconhece nele uma autoridade saudável e capacidade de liderança.

O segundo casamento pode dar mais certo que o primeiro, já que o casal aprende com os erros e sofrimentos anteriores.

O casal aprende que amor e atração sexual, sozinhos, não são suficientes para manter a união e agora está mais disposto a:

▌ Resolver os conflitos.

▌ Superar as dificuldades.

▌ Tolerar e aceitar as diferenças.

▌ Pedir ajuda no que for necessário.

▌ Ajudar o outro no que for possível.

▌ Buscar novas soluções para velhos problemas.

▌ Alimentar com novos temperos a rotina familiar.

▌ Reconhecer que a força do casal é muito maior que a soma de cada um.

Na realidade, quando o novo casal age assim, transmite esse modelo relacional aos filhos, educando pelo "como somos". Provavelmente as crianças utilizarão essas disposições relacionais no cotidiano, obtendo excelente qualidade de vida.

Contudo, se o casal nada aprendeu com o primeiro casamento, pode repetir os erros e assim viver de relacionamento em relacionamento, percorrendo uma jornada que dificilmente deixará os filhos felizes. Ele transmite, pelo "como

somos", intolerância, egoísmo, dificuldade de superar conflitos e problemas, cometendo os mesmos erros e julgando que
os errados são os outros.

MORANDO JUNTOS ANTES DE CASAR?

Na época em que o machismo imperava absoluto, praticado
tanto pelos homens quanto pelas mulheres, era muito importante que a mulher se casasse sexualmente virgem.
As obrigações conjugais da esposa consistiam em aceitar o marido toda vez que ele quisesse "usá-la". Ela podia aco-
modar-se eternamente a essa vida sem conhecer o orgasmo,
e quem já o sentira nem às paredes confessaria. O que hoje é
visto como natural naquela época levava a mulher a sentir-
se culpada e impura e a recriminar seus maus costumes.
A felicidade do casal baseava-se em outros valores, já que
muitas mulheres nem sequer imaginavam poder participar
ativamente da relação sexual, muito menos sentir orgasmo.
Existia, então, um duplo padrão de comportamento sexual: o da mulher do lar e o da mulher da rua. A vida sexual
da respeitada mãe de família resumia-se a servir bem ao marido, e sua felicidade era cumprir bem seu papel. A mulher da
rua era aquela "que não tinha dono" e, portanto, era "usada"
por todos. Com ela os homens poderiam fazer sexualmente
tudo o que tivessem vontade. Simplificando: em casa a vida
sexual era mais reprodutiva, e na rua, mais "farra".

Nos idos de 1970 atendi a um senhor bem casado, amado pe-
la esposa, respeitado na sociedade, que se recusava a ser con-
sultado por psiquiatra (não se julgava louco), mas resolveu me
procurar por não suportar um sofrimento específico. Sua quei-
xa: "Ao fazer uso de minha mulher, sinto-me desanimado".

Na época a educação sexual dos filhos também era tremendamente machista, com a mulher castrada em sua sexualidade. As filhas eram muito controladas para que os rapazes não "abusassem" delas, enquanto eles andavam totalmente soltos. Dizia um ditado nordestino: "Prendam as cabritas (filhas) porque o meu bode (filho) está solto".

O que mais prejudicava a educação dos filhos era o machismo, e não a vida sexual dos pais.

De lá para cá a condição sexual da mulher melhorou muito. Ela saiu à luta, começou a trabalhar fora, a disputar os melhores cargos com os homens e... descobriu o orgasmo. Assim tornou-se mais saudável, e sua vida sexual passou a ser um tópico importante da qualidade de vida.

O que antes era impensável tornou-se realidade, e em uma única geração o machismo foi abalado. Uma revolução global deixou as avós atônitas e as netas totalmente liberadas. A vida sexual passou a ser responsabilidade de cada um, e hoje o papel dos pais é fornecer condições aos filhos para que tenham vida sexual saudável, sejam do sexo masculino, sejam do feminino.

Dizia a mãe de uma adolescente no fim do milênio passado: "Antigamente casava-se para ter sexo, hoje as pessoas fazem sexo para ver se casam".

Mais que em outros, no campo sexual os pais não podem dizer aos filhos que "no meu tempo era assim..." porque realmente os tempos são outros. "Minha filha sai de casa somente casada" é uma frase que a evolução atropelou. E hoje em dia muitos jovens preferem fazer um estágio, o pré-casamento, morando juntos, longe da interferência dos pais, mesmo que ainda dependam muito deles.

Aqueles filhos reprimidos por pais machistas na pré-liberação sexual hoje são avós e fazem parte da geração que chamo de "asa e pescoço" (do frango da macarronada de domingo). Os pais deles comeram "peito e coxa", deixando-lhes a asa e o pescoço. Quando chegou a sua vez, deram aos filhos a melhor parte do frango, o peito e a coxa, e comeram outra vez asa e pescoço. Como foram vítimas do autoritarismo e da repressão, deram liberdade ilimitada aos filhos. Começaram a trabalhar cedo e continuam trabalhando mesmo depois de aposentados. É a geração mais prejudicada em relação à comida, à liberdade e ao trabalho. E, com o orçamento da família cada vez mais apertado, muitas vezes eles ainda têm de sustentar os netos, que dão grandes despesas.

Esses netos, nascidos em plena efervescência da informatização, têm vida muito diferente da de pais e avós. Influenciados pelo ecossistema e pelo "como somos" vigente, perderam os critérios relacionais saudáveis. Agitados, impulsivos e irritados, os pequerruchos não suportam frustrações, reagindo fortemente, chutando as canelas dos pais e cuspindo nas mães ao ser contrariados.

Está passando da hora de aposentar os modelos de pais vigentes para adotar novos modelos relacionais. Pais e avós têm de educar essas crianças com vistas à saúde social.

MÃE CRIA OS FILHOS SOZINHA

Se possível, a figura masculina e a feminina devem estar presentes e atuantes na formação do caráter da criança, mas nem por isso a falta de uma delas prejudica o futuro dos filhos.

Há mais de 300 mil anos, antes de o ser humano sair das cavernas e montar a sociedade primitiva, a mãe já educava o filho. O homem se conhece como pai há apenas 12 mil anos: com a descoberta da agricultura, ele se fixou mais à terra, aumentando a convivência entre pais e filhos.

O poder e a sabedoria da figura feminina talvez tenham sido pulverizados ao longo do tempo pela dominação masculina. Mas a força matriarcal fica evidente na sociedade em períodos críticos como guerras e doenças. Na ausência do homem, a mulher assume o comando da casa e dos filhos e a família não se esfacela.

É crescente em nossa sociedade o número de "pães" — mães que têm maridos omissos ou ausentes em casa.

Elas podem assumir o comando por motivos vários: pais somente recreativos, desvalidos, drogados, doentes, falecidos... Até mesmo o pai que após a separação some da vida da antiga família, transformando-se em ex-pai.

A situação dessas "pães" pode se complicar quando há interferência da nova mulher do ex-marido na educação de seus filhos. Se as "pães" não aceitam tais interferências, geralmente abusivas, correm o risco de não receber do ex-marido a pensão alimentícia dos filhos.

Em algumas famílias, a presença do pai é altamente nociva. Ele abusa do álcool, é violento, sai com outras mulheres, não tem constância. No entanto, a mulher ainda lhe delega poder e autoridade. Não se acha no direito de mandá-lo embora. Sente-se insegura apesar de capacitada a arcar sozinha com as responsabilidades familiares.

O mau pai presente é mais prejudicial que o ausente.

Às vezes a mulher, apesar de estar com um pé no presente, tem o outro preso no machismo, mesmo que o marido mais atrapalhe que ajude. É comum que os filhos não respeitem pais omissos. E a mulher se abafa sob o manto da submissão à figura masculina, tornando-se enfraquecida e desrespeitada pelas crianças. Na realidade, esse desrespeito é conseqüência natural de sua submissão.

Há outras mães que têm coragem de sair de casa com os filhos ou expulsar dela esse pai prejudicial. Mas ainda assim se subestimam. Consideram-se inferiorizadas e nem sempre assumem a autoridade educativa que poderiam ter. Às vezes, deixam-se carcomer pela culpa e responsabilidade de ter tirado o pai das crianças.

Se a presença paterna fosse absolutamente indispensável, todas as famílias sem pai formariam delinqüentes − e isso não é verdadeiro.

Quando o pai é ausente ou pouco atuante, a mãe tem de manifestar sua força, independentemente das críticas que possa receber, para o bem-estar da família. Em situações de crise, a pessoa mais forte e capacitada a superá-las é que deve assumir o comando.

Os filhos respeitam a mãe que se respeita. Jamais acatarão ordens de quem não se impõe.

Conheço uma self-made woman. Ela ganha para o sustento da casa, onde vive com o filho único. Trabalha o dia inteiro, acompanha o garoto na escola, almoça em casa com ele e na volta do trabalho confere as lições. É muito dedicada ao filho.

Como ela se respeita, quando o menino entrou na rebeldia pubertária, aos 13 anos, procurou investigar o motivo dessa rebeldia em vez de ficar lamentando a ausência do pai a seu lado.

O filho superou essa rebeldia de desenvolvimento e hoje os dois são bons sócios relacionais.

Há mulheres que cometem outro erro: obrigam-se a ser pai e mãe para compensar a carência paterna. Impossível!

Certa mãe separada vivia com três garotos pequenos. Os filhos não a respeitavam. Quando o pai vinha visitá-los, a cada dois ou três meses, era só dar um gritão e as crianças o obedeciam na hora. O pai gritava não para educar, mas por absoluta falta de paciência.

A mãe, por sua vez, achava que as crianças não a obedeciam porque não sabia dar o gritão. Quando começou a recuperar a auto-estima e a estipular o que podia ou não fazer com base em seus próprios valores, e não na ausência paterna, obteve resultados melhores.

A incoerência, a insegurança e a inconstância são venenos mortais para a boa educação. Dão margem a que as crianças não assumam as responsabilidades e queiram impor suas vontades independentemente de conseqüências ou danos produzidos a terceiros. A parte do comportamento animal supera a humana.

A delinqüência surge quando há falta de autoridade. Como tradicionalmente a autoridade é representada pelo "deus homem", ainda não se dá o devido reconhecimento à autoridade materna.

A mulher conquistou o mundo. Ganhou trabalho, dinheiro, *status*, voz ativa, direito a voto e a viajar sozinha. Ela se globalizou. Mas, se não se impuser como pessoa (e não escrava) em casa, não será uma mulher integral.

Quando essas mulheres tratam de assumir suas verdadeiras forças, cobrando, exigindo responsabilidade e fazendo os filhos assumir as conseqüências de seus atos, a família começa a se organizar. As mulheres são mais capazes do que supõem e, portanto, precisam recuperar a dignidade humana.

PAI CRIA OS FILHOS SOZINHO

Talvez o pai seja capaz de cuidar sozinho dos filhos, desde que eles tenham muita autonomia. Caso contrário, terá de delegar essa função a alguém que possa ajudá-lo enquanto estiver trabalhando.

> *O pai tem ainda que evoluir bastante para conseguir fazer sozinho o que a mãe faz pelos filhinhos.*

Se o homem se atrapalha nos cuidados consigo próprio, como poderá assumir a responsabilidade pela educação dos pequerruchos? Não é tarefa impossível, mas é muito difícil.

Quando os filhos são maiores, principalmente adolescentes, o pai pode se arriscar a tê-los consigo. Há pais extremamente cuidadosos, que acompanham de perto a vida dos filhos, o boletim, o desempenho no clube, as atividades básicas do dia-a-dia etc. Mas ficar todo dia perguntando e às vezes verificando se as crianças escovaram os dentes é demais para eles.

Não é à toa que entra em cena a mãe dele, e os filhos passam a ter os cuidados da avó paterna. É o que acontece também com a mãe que tem de trabalhar e conta com a própria mãe para ajudá-la com os filhos.

O UNIVERSO DA ADOÇÃO

Há diversas correntes de pensamento sobre como lidar com a adoção. Às vezes os pais não contam a verdade à criança porque não sabem quando e como falar. Mas há também quem acredite que o melhor é não tocar no assunto, já que os adotivos são filhos do coração. Existe ainda o receio de traumatizá-los com a informação, que os pais julgam não ser necessária aos filhos, por ser tão pequeninos.

Acredito que o filho deve saber a verdade, pois não é possível manter o segredo eternamente. Alguém da família ou mesmo um "amigo" acaba soltando a língua. Por maldade ou ingenuidade.

O melhor momento para falar disso é quando a criança pergunta sobre gravidez, parto e nascimento. Não é comum que ela faça perguntas como um adulto: "Sou adotado?", "Como fui encomendado?", "Nasci de parto normal ou cirúrgico?"

O que as crianças querem saber é de onde vieram, e não se são adotadas, caso cheguem a essa etapa sem conhecer a verdade. A capacidade de compreensão delas vai aumentando. Antes, qualquer resposta as satisfazia. Agora, querem saber mais detalhes.

Cada criança pergunta conforme sua curiosidade e capacidade. Volta a perguntar mais tarde enquanto não estiver satisfeita com a resposta. É natural que ela queira saber de onde veio.

O pai, pelas suas características masculinas e até mesmo pelo menor envolvimento, consegue dizer ao filho que ele é adotivo com tranqüilidade. A mãe sofre muito porque parece que a responsabilidade por não ter tido filhos é dela. Não é verdade. Em apenas 30% dos casos as causas do fracasso reprodutivo são femininas; em 30% são masculinas e, em 40% dos casais sem filhos, há problemas de ambos os lados. Uma das muitas causas da adoção é a infertilidade.

A adoção é um gesto maravilhoso. Crianças adotadas são filhos do coração. O que muda é a origem. Para a criança não importa se ela veio do útero ou do coração. Não tem na cabeça a figura do pai e da mãe biológicos. Essas são preocupações dos adultos.

Entretanto, por mais que a família procure lidar naturalmente com a situação, chegará a hora em que a criança vai entender o que é adoção e não terá a gentileza, o jogo psicológico e a amabilidade para enfrentar a notícia de que sua mãe não é verdadeira. É sempre um choque.

Um casal sem filhos adotou um bebê recém-nascido. E nunca escondeu o fato. Chegou a levar a criança para conhecer o orfanato de onde viera. E tudo seguia bem até o garoto completar 6 anos, quando a professora da escolinha pediu que as crianças levassem uma foto da mãe grávida.

Recentemente as escolinhas têm trabalhado mais o vínculo da criança com a família. Um dos recursos usados é solicitar fotos da família. Mas, neste caso, a escola desencadeou uma situação inesperada.

O filho de 6 anos voltou-se para a mãe e disse que ela era sua mãe falsa e que tinha outra mãe, a verdadeira. "Vou amar você a vida toda, mãe, mas eu sei que tenho outra mãe." A mãe adotiva sentiu-se atrapalhada. E a criança ficou doente. No dia de levar a foto, estava internada no hospital, onde passou três dias.

Sofreram os pais e a criança. Talvez ela tivesse usado a palavra "falsa" porque seu vocabulário era restrito, mas a mãe viu apenas sua conotação negativa.

ARGUMENTOS CRUÉIS

"Vou embora de casa. Você me trata assim porque sou adotivo."

Quando um filho sabe que é adotivo pode usar esse fato como arma e fazer ameaças para conseguir o que quer ao sentir-se contrariado, frustrado ou agredido, com ou sem razão, pelos pais. Principalmente quando percebe que esse é o ponto fraco dos pais.

É preciso muita calma para enfrentar essa provocação e dizer com firmeza, olhando-o nos olhos: "Então vai! Agora! Com a roupa que estiver vestindo!" e em seguida abrir a porta da rua. Raramente o filho sai de casa sem ter para onde ir. Alguns, de fato, vão até a porta para intimidar mais os pais. As crianças continuarão ameaçando enquanto sentirem que obtêm resultados vantajosos.

Nessa hora, pai e mãe precisam agüentar firme e acrescentar: "Você só voltará se reconhecer seu erro, pedir desculpas e nunca mais dizer que vai embora. Se sair outra vez, nem pedindo desculpas você volta!" Quando sente que pertence ao time família, em geral o filho acaba abandonando a idéia de sair de casa.

Não se pode viver ameaçado por chantagens.
Quem as enfrenta não as alimenta.
Pelo contrário, acaba com elas.

Muito cuidado, pois na fase da onipotência pubertária e juvenil o filho pode sair de casa para afrontar os pais. Na juvenil, após a mudança de voz do rapaz e da menarca da garota, o filho pode inclusive ter organizado sua sobrevivência por alguns dias na casa dos amigos.

Muitos filhos naturais também fazem armações com os pais quando estão na fase da rebeldia, do "eu não pedi para nascer". Para se safar das responsabilidades, às vezes eles jogam pesado. Gritam: "Vai ver que sou adotivo" ou "Se vocês me amassem não fariam isso comigo!" e outras chantagens semelhantes.

Só cai na chantagem quem quer ter lucro fácil ou impedir uma perda significante. Assim, é preciso que os pais descubram por que caem nessas extorsões.

Os pais naturais podem negar com tranqüilidade a adoção, mas se estiverem inseguros a segunda "afirmação" os abalará. Por sua vez, a mãe e o pai "do coração" que ainda não contaram sobre a adoção podem sentir-se ameaçados, como se o mundo que construíram estivesse em via de ruir.

É importante lembrar que uma boa integração relacional pode contribuir muito para ajudar a superar todos esses conflitos.

Pais adotivos podem ter a preocupação de não contrariar a criança. Isso a torna frágil por não encontrar os devidos limites, e ela fica mais insegura, perdendo a capacidade de superar frustrações...

Crianças sem limites não são educadas, estão simplesmente criadas. Uma criança educada adequadamente é mais feliz que outra simplesmente criada, pois sabe usufruir o que tem e respeitar o que não tem.

Não deve haver diferenças na educação de filhos adotivos e naturais. Quanto maior for a saúde relacional,

menores serão os conflitos resultantes da adoção. É essa naturalidade que dá segurança afetiva ao adotado.

Apesar de o número de crianças e adolescentes adotados atendidos por mim não ser muito expressivo, os problemas enfrentados por eles não se deveram à adoção, mas a questões educativas como falta de regras e ausência de limites e de responsabilidades, numa permissividade e liberalidade totalmente fora de padrões éticos.

FILHOS DNA

São pessoas, principalmente crianças e adolescentes, que buscam certificar sua paternidade pelo exame do DNA. Em geral, esse exame é solicitado para forçar o homem a reconhecer a paternidade de alguém que quer ser declarado como seu filho. Também pode ser empregado pelo homem que quer negar a paternidade de alguém que a pede ou exige.

Raramente a mulher nega a maternidade, portanto é raro o pedido de exame do DNA para reconhecimento de maternidade por esse motivo. Diferentemente dos pais, são as mães que pedem para provar que de fato são mães, para confirmar a maternidade.

No ano de 2000 atendi a alguns homens que descobriram ser pais DNA. São pais puramente biológicos e não há nenhuma convivência entre eles e os filhos.

Dagoberto é um profissional bem-sucedido e bem casado, com dois filhos na puberdade. Sua família é bem constituída. Certa vez ele recebeu no trabalho um telefonema de uma garota que queria vê-lo. Depois de muita conversa, ela explicou que era filha dele, resultante de um curto relacionamento de solteiro. Sua mãe assumira uma "produção independente". Tudo ia conforme planejado até surgirem conflitos relacionais, agravados pela entrada na adolescência. Como ela não conseguia mais conviver com a filha, revelou finalmente a identidade do pai e lhe deu o telefone dele, pois nunca perdera de vista o homem que escolhera e usara como doador dos genes masculinos. Na realidade, ele, sem saber, participara com seu DNA da formação de um feto. Depois do brevíssimo envolvimento, ele nunca mais teve notícia da mulher nem tampouco da existência da filha, até ser procurado por ela.

A freqüência de pais biológicos que são descobertos em exames de DNA tem aumentado. Os homens que deparam com essa situação, em geral casados e com filhos, são chefes de família bem-sucedidos na profissão e bem situados social e economicamente.

Numa despedida de solteiro, cercado de amigos, bebida e no clima de ser a "última chance de aprontar", como se o casamento fosse lhe tirar totalmente a liberdade, o festejado noivo pode ser usado por uma mulher que deseja uma "produção independente". A vítima é perfeita: vai se casar e não a procurará mais. Na maioria das vezes, a gravidez, longe de ser inesperada, pode ser premeditada pela futura mãe. O que ela quer é ter um filho, não um companheiro...

Os nômades sexuais têm relações sexuais com quem encontram pelo caminho. Para a gravidez ocorrer, é preciso que o espermatozóide se una ao óvulo feminino. Isso pode acontecer numa única relação sexual se a mulher estiver no período fértil. A mulher carrega a gravidez por nove meses. O homem desaparece, esquecendo-se da relação sexual fortuita.

O mais comum é que a filha (e não o filho) busque o pai, principalmente na adolescência, motivada mais por questões afetivas que econômicas, embora elas também possam existir, pois quanto mais os filhos crescem mais caro se torna mantê-los.

E o que faz o pai que descobre subitamente ter um filho já adolescente?

Os filhos DNA costumam ser produto de encontros anteriores ao casamento, mas podem ser fruto de relações extraconjugais que suscitam questões delicadas: como contar à mulher? Como falar com os filhos? E se os filhos quiserem se conhecer? Leva ou não o novíssimo filho adolescente para morar com a família atual? A confusão está armada!

Se o relacionamento é saudável, a esposa tende a se aliar ao marido para trabalhar juntos e suportar essa carga. Em relacionamentos periclitantes, a descoberta pode precipitar crises e até rompimentos. Normalmente, as esposas aceitam com mais facilidade o filho DNA que é anterior ao casamento.

Poucos pais levam os filhos DNA para dentro de casa. Resolvem a situação de outra maneira. Dão suporte financeiro, mas os mantêm a distância.

Capítulo 8

Crianças
pós-modernas
e o desafio
de educá-las

Não dá para negar. As crianças são muito mais inteligentes hoje que no passado. Estimuladas desde cedo por brinquedos interativos, televisão, computador e um volume gigantesco de informações, elas estabelecem maior número de ligações entre os neurônios. A diversão hoje envolve desafios mentais, e mesmo brinquedinhos têm finalidades psicopedagógicas apropriadas às diversas idades. As crianças não escapam da telinha nem correm mais soltas na rua. Divertem-se nas ruas e praças ou em áreas dos condomínios, onde mora, por exemplo, 60% da população paulista. Para lidar com tantas novidades, pai e mãe têm de se preparar. Não é mais possível ser um educador silvestre.

GERAÇÃO ZAP

As crianças já nascem com telas interativas diante dos olhos. Em vez de olhar pela janela, que não oferece atrações participativas, exceto a possibilidade de jogar objetos nos passantes, vêem telas na sua frente.

Enquanto dá certo, permanecem no jogo; quando não conseguem superar obstáculos, em vez de fazer novas tentativas, pegam outro. Simplesmente mudam de tela. Todas as crianças fazem isso. Descartam jogos difíceis e preferem brincar com aqueles em que vão melhor.

Daí resulta o grande problema dessa geração: a incapacidade de lidar com frustrações, que se transpõe para os relacionamentos sociais. Se não dá certo com uma pessoa, as criancinhas a agridem, deixam-na de lado, buscam outra. Descartam-na como se fosse *videogame*.

Púberes e adolescentes agem da mesma maneira ao "ficar" com alguém. Enquanto interessa, estão juntos; do contrário abandonam a pessoa sem saber o nome da "zapeada". É o que tenho ouvido dos "ficantes".

E, assim, a geração *zap* se acostuma à quantidade e à superficialidade. Esta, aliás, é uma das tendências do mundo moderno que mais prejudicam a sociedade. Pessoas descartam umas às outras. Pais abandonam filhos com facilidade. O que vale é satisfazer o objetivo pessoal. Reina o individualismo. As grandes empresas descartam pessoas como se fossem máquinas de produzir. Em vez de investir, educar, preparar, melhorar a formação e dar treinamento, é mais fácil trocar e pagar um salário mais baixo. Há muita mão-de-obra disponível, prega a cartilha do capitalismo selvagem.

Pessoinhas fazem seu capitalismo pessoal. Vangloriam-se de quanto namoraram e beijaram. *Serial kisses*. Abandonam quem não as satisfaz e passam a agir como piratas, extraindo o máximo que podem de pessoas e situações. Terminado o saque, mudam de alvo. Não preservam o quarto, o local de trabalho, a família. Detonam tudo pelo caminho.

Mas nem tudo está perdido. Quando há amor, capacitação e boa vontade, o rumo da história pessoal pode ser melhorado.

ADOLESCENTES PRECOCES

Tem se discutido muito a "adultização" das crianças. Mas o uso do termo está equivocado. "Adultização" é assumir na infância responsabilidades de adulto. As crianças apenas imitam alguns comportamentos dos adultos; querem, por exemplo, namorar aos 6 anos.

Hoje o namoro é um estímulo precoce, despertando a curiosidade sobretudo das meninas. Mais românticas, elas fazem a corte ao menino bonitinho e dizem que é namorado. Ao brincar com bonecas, desde cedo treinam relacionamentos. Já as brincadeiras típicas de menino, como empinar pipa e jogar bola, exercitam a competição, a habilidade e a exibição. Os garotos são secundariamente relacionais. Primeiro querem mostrar desempenho. Na infância, eles são menos amadurecidos que as meninas da mesma idade. Gostam de correr, brincar e jogar bola enquanto as meninas ficam a atacá-los. A frustração delas é não ser correspondidas nesse imenso amor.

Mas a culpa não é só da mídia. Os pais incentivam e as escolas também. Algumas chegam ao exagero de fazer festinhas com entrega de presentes no Dia dos Namorados.

Quando o menino e a menina estão brincando juntos, o olhar adulto já percebe um joguinho de casal: "É sua namoradinha?", pergunta o pai, orgulhoso. "Mas que casal bonitinho!", comenta a mãe. "Que programa você e sua namorada vão fazer?"

O pai se aproxima do garoto e quer saber: "Quantas namoradas você já teve?" Quando não o incentiva a conversar com as meninas bonitinhas que encontra em reuniões sociais e familiares.

A cumplicidade dos pais na precocidade sexual dos filhos surge sobretudo quando um (ou ambos) se realiza através deles.

"Minha filha vai fazer tudo o que minha mãe não me deixou fazer. No meu tempo era tão difícil!", diz a mãe, enquanto enfeita a menina para ir à escola como se fosse uma artista.

Ela nem tem seios e já veste sutiã. Se for só para ver como é que é, usa em casa, numa brincadeira, para matar a curiosidade, da mesma forma que pinta os lábios, põe salto alto ou veste as roupas da mãe. Mas isso não se deve tornar um costume nem ser feito na rua. Não é adequado usar sutiã se ainda não há seios. Assim como deixar de usá-lo quando necessário. Há casos de púberes com mamilos avantajados em que a mãe se recusa a comprar um sutiã para a filha "porque ainda é tão criança!" O bom senso tem de prevalecer sobre a vontade dos pais.

A antecipação da adolescência pode custar caro. A planta tem um ciclo de crescimento: cria raízes, desenvolve o tronco, depois as folhas, dá flores e finalmente frutas. O ser humano também tem seu ciclo. As crianças ainda se preparam para ser adultos. Vivem uma etapa de crescimento. A infância não tem flor. A adolescência, sim. É a fase que precede à fruta. Os adolescentes são como flores fortemente coloridas que se reúnem em bandos na parte mais alta e vistosa da árvore, perfumando o ambiente e buscando a luz do sol.

Uma criança que se comporta como adolescente está muito próxima de uma folha que quer ter os benefícios da flor.

O corpo infantil é muito diferente do corpo do púbere. Não tem potencial para atravessar essas etapas e caminhar para a sexualidade. Crianças têm sensações erotizadas, mas ainda não estão prontas sexualmente para intimidades.

Hoje em dia as meninas começam a namorar cedo. Trocam de namorado com facilidade, sem aprofundar o relacionamento — é a geração *zap*. O mais preocupante é que liberam muito a parte biológica (animal) sem ter controle racional, e o que caracteriza o ser humano é o controle e a adequação de seus impulsos biológicos.

Um dos grandes avanços da vida gregária é a educação do instinto sexual, canalizando-o adequadamente. Podemos conviver e formar grupos de homens e mulheres sem nos submeter aos instintos sexuais.

Mesmo imperceptivelmente, estamos ajudando nossos filhos (e sobretudo nossas filhas) a fazer o caminho inverso: liberar os instintos em vez de educá-los.

Quem não aprender a evitar a gravidez vai ser surpreendido por ela.

Observemos o que está acontecendo com os que servem de modelo para as criancinhas: os púberes. Em geral, eles começam a "ficar" na puberdade, quando experimentam novas sensações. É mais um autoconhecimento que conhecer o outro. Contudo, o mais natural para as meninas é não ficar, ao contrário do que se passa com os rapazes. Parece discurso machista, mas o homem ainda usa a mulher para atender a suas necessidades. A maioria das mulheres quer que os homens sejam companheiros e se importa com o relacionamento de forma global.

Talvez isso mude no futuro, mas por enquanto quem arca com o custo é a mulher e sua família. Caso a menina engravide, ele vai embora e ela segura as pontas. Se optar pelo aborto, o rapaz esquece logo; ela nunca.

O simples "ficar" é usar, enquanto o relacionar-se é viver.

Rapazes saem com prostitutas ou garotas de programa. Têm relações sexuais com elas sem saber seu nome, de onde vêm, o que fazem ou seus planos futuros.

As mulheres naturalmente não beijam nem trocam carinhos se não têm um pouco de intimidade com a pessoa nem vão embora para nunca mais se ver. A grande maioria espera algo além de "ficar", o tipo de comportamento que os homens sempre quiseram adotar, mas as mulheres nunca permitiram. No entanto, depois de ficar mais seguras de si, emanciparam-se e hoje também querem saborear o "ficar" como os homens.

E as menininhas estão querendo imitá-las!

As púberes têm mais prejuízos que lucros "ficando". Estão se banalizando e transformando-se em pessoas descartáveis. Já que os pais não têm como proibir esse comportamento, seria bom que não o estimulassem nem facilitassem. Quanto mais tarde começarem a vida sexual, mais estrutura os filhos terão para resistir às pressões. Portanto, pai e mãe não devem antecipar esses comportamentos.

Quando os filhos perguntam se podem namorar, a resposta dos pais deve ser sempre negativa, pois a pergunta já denuncia a existência da dúvida. Liberar e deixar que as crianças façam só porque pediram é educar mal. Mesmo porque quando elas querem realmente não perguntam e ninguém as segura...

Da mesma forma, quando perguntarem se podem beijar a resposta deverá ser "não".

Há filhinhos que desejam beijar a mãe na boca. Um selinho, tudo bem. Mas o fato é que entre os latinos o beijo na boca é bastante erotizado. A língua tem participação importante na vida sexual. Os rapazes desarmam as meninas assustadas com um longo beijo francês. Os animais se lambem muito na época do cio. Por isso a língua é muito sensual. De preferência, é melhor deixar esse tipo de carinho para namoros futuros, quando eles estiverem mais bem preparados.

Os pais também devem ter cuidado com sua intimidade. Não podem se expor sexualmente, para não oferecer estímulos aos filhos antes da hora. Mas as manifestações de carinho devem sempre existir.

EDUCAÇÃO SEXUAL

Ela deve começar cedo. As crianças estão mais sabidas e têm acesso a toda sorte de informações sexuais.

A curiosidade é natural. Saber como as pessoas enfrentaram certas situações pode apontar uma luz, trazer conhecimento, aumentar o repertório pessoal e fazer refletir. É natural, portanto, que as crianças demonstrem curiosidade e procurem esclarecer as dúvidas com as pessoas em que mais confiam: o pai e a mãe. Logo, não dá para escapar: mais dia, menos dia, o assunto entrará em pauta.

Não existe idade certa, e sim o momento adequado para falar de sexo com os filhos.

A conversa deve acontecer sempre que surgir uma oportunidade. Diante da televisão, por exemplo. É comum a criança correr pela sala enquanto os pais vêem a novela até que aparece uma cena de sexo e ela pára diante do aparelho. É a hora de a mãe e o pai dizerem que aquilo é natural entre gente grande. Não podem simplesmente mudar de canal. Essa censura não funciona.

A repressão não é o melhor caminho. Se um garoto de 3 anos fica se encostando nos cantos da mesa e diz que é gostoso e a menina não tira as mãos dos genitais, primeiro é preciso verificar se não existe algum problema físico. Pode ser uma irritação causada por inflamação ou uma infecção. Dizer "não faça isso" não resolve. A energia terá de buscar outro campo e podem surgir alguns distúrbios.

"Meu filho não se abre comigo" é uma queixa comum dos pais fechados. Sem perceber, eles fogem de determinados assuntos e esperam que os filhos os procurem para conversar com eles a respeito. O clima de confiança precisa ser estabelecido desde cedo.

Um garoto de 9 anos perguntou à mãe como era uma camisinha feminina. "Não sei", ela respondeu, "deve ser como a masculina", e deu o assunto por encerrado.

As campanhas que recomendam o uso de camisinha visam apenas aos homens. Não mencionam a camisinha feminina. O garoto ouviu falar dela, sentiu curiosidade e resolveu perguntar à mãe. Surpresa, ela optou pela saída mais fácil, porém incorreta. Existem diferenças entre os dois preservativos. Enquanto a do homem envolve por fora, a da mulher envolve por dentro. Embora tenham vida sexual, muitas mães talvez não saibam dessa novidade. Mas os jovens já estão sabendo...

Nesse caso, seria melhor admitir o desconhecimento: "Não sei, nunca vi uma". E se comprometer a pesquisar. "Vou me informar e a gente aprende junto." Pai e mãe não são obrigados a saber tudo. Mas não podem deixar uma dúvida em aberto. Estão comprometidos a ensinar, que é um gesto de amor. E daí surge a intimidade. Mais tarde, a primeira pessoa que o filho procura é a mãe (ou o pai), que sempre acompanhou cada fase de seu crescimento.

Na educação sexual o importante é responder especificamente o que se pergunta.

Em geral, o constrangimento da postura de protetor é tamanho que o pai ou a mãe resolvem dar uma aula de camisinha. Contam a história do preservativo. E têm a sensação de alívio pela missão cumprida. Mas precisam perceber se atenderam à necessidade da pergunta. Quase sempre o que a criança quer saber é o sentido prático: para que serve. Se estiver satisfeita, ela pára de perguntar. Tirar o foco da pergunta só aumenta a curiosidade infantil. Lembra-se? Se a criança fosse um carro de corrida, cada vez que ela chega junto do pai, ou da mãe, é como se fizesse um *pit-stop*. Se a parada é satisfatória, ela segue na corrida; caso contrário, já na próxima volta terá de parar, até estacionar completamente. Portanto, é melhor dar a resposta de que ela precisa. Mesmo porque ela pode fazer o *pit-stop* com outras pessoas.

É bom dar uma explicação científica sobre sexo? Depende. As pessoas se escondem muito atrás da ciência do sexo. Usam palavras incompreensíveis, mas ficam felizes por falar, embora a criança nem sempre fique feliz ao ouvir. Nesse caso, o risco é que o pequeno procure a resposta em outra fonte, passando a não perguntar mais nada.

MESADA

Uma das perguntas mais comuns em palestras é sobre a mesada: será que colabora na educação? Sim! Para ajudar a criança a se organizar, nada melhor que algo pelo qual possa se responsabilizar e seja materialmente quantificável, como o dinheiro.

Crianças que aprendem a administrar bem a mesada tendem a ter melhor qualidade de vida no futuro que aquelas que gastam mais do que podem.

Portanto, a família tem de se organizar para dar mesada, que deve ser encarada como um processo educativo.

A mesada deve se destinar aos gastos do dia-a-dia da criança. É para supérfluos como figurinhas, adesivos, canetinhas coloridas etc. O dinheiro da mesada não deve cobrir despesas essenciais, como mensalidade escolar, lanche e roupas. O dinheiro do lanche, aliás, não deve ser guardado. Se a criança não gastar com alimento toda a quantia que recebeu, o troco fica para o lanche do dia seguinte ou é devolvido. Assim, ela aprende que o dinheiro do lanche destina-se a comprar alimentos na cantina da escola. Não é certo permitir que ela o guarde como se fosse dela. Aprendendo a devolver, ela absorve o sentido de propriedade: "Este dinheiro não é meu, é dos meus pais".

Em termos educativos, vale mais a pena dar o dinheiro do lanche todos os dias para que a criança aprenda a lidar com a moeda em vez de abrir uma conta na cantina escolar sem limite de gastos. "Comprar fiado" pode ser cômodo para os pais, porém é péssimo para a educação.

A riqueza desse aprendizado impede que a criança apareça em casa com objetos trazidos da escola: primeiro uma caneta, depois uma blusa, dinheiro e por aí vai. *Ela aprende a cuidar do que é dela e a respeitar e devolver o que é do outro.*

Assim que o filho souber lidar com esse dinheiro do lanche, pode receber a mesada, apesar de o termo não ser muito adequado. Os pais podem começar a lhe dar um dinheirinho a cada três dias. Se a criança conseguir administrá-lo bem, passa a receber a semanada, que requer noção de tempo.

Quando deseja comprar uma figurinha, a criança não pensa em esperar. Quer acordar e correr no jornaleiro. Para ela, o importante é o momento presente. *A semanada a ajuda a organizar o tempo e, principalmente, a saber esperar.* Não é porque ganhou o dinheiro agora que tem de interromper o que está fazendo e sair correndo para comprar a bala de tatuagem antes do almoço. O pai e a mãe não esperam a hora certa para comprar o carro novo?

Se a criança não tem noção de valores, chega com as moedinhas e pergunta: "Isto dá para comprar balinha de tatuagem?" Então ainda não é hora de receber mesada. Assim que aprender o valor do dinheiro, o que ocorre muito mais depressa do que os adultos imaginam, os pais podem começar a lhe dar pequenas quantias.

Quanto dar de mesada? Depende do meio em que a família vive e da idade da criança. Cada faixa etária tem seus interesses particulares. O valor deve ser suficiente para que a criança compre figurinhas aos poucos e consiga completar o álbum em alguns meses. Comprar todas as figurinhas de uma vez foge do princípio educativo de lidar com o dinheiro. Uma das características do colecionador é juntar aos poucos, e não comprar tudo de uma só vez, ou comprar um álbum completo. Com isso, ele aprende a lidar com a espera e o imediatismo, a valorizar as figurinhas que tem e a negociar com outros colecionadores.

Apesar de o dinheiro da mesada ser da criança, é importante que no início os pais supervisionem seus gastos. A mesada é uma boa oportunidade de ensinar os filhos a gastar dinheiro praticando a relação custo-benefício. Vale a pena gastar aquela soma para comprar certo objeto?

Esse aprendizado será útil no futuro. Crianças têm gostos inocentes, mas um onipotente juvenil de 17 anos talvez queira comprar maconha com o dinheiro dele, já que formou a noção de que pode fazer o que quiser com o próprio dinheiro.

Supervisionar gastos e impedir que avance nos bens do irmão é tarefa dos pais. A mesada permite observar as relações que se estabelecem entre irmãos folgados e sufocados, diarréicos e entupidos, sem limites e adequados. Os primeiros vivem antecipando mesadas. No começo do ano já querem adiantar o presente de Natal. Esse é um sinal de que o filho ainda não está pronto para lidar com dinheiro e os pais vão errar se atenderem a todos os seus desejos, que ainda não passaram pelo crivo da adequação, confiando demais na capacidade dele. O diarréico fica contente em comprar, mas não em usufruir o que comprou. Incapaz de administrar sua verba, ele gasta em coisas que estão fora de seu alcance. Por que o pai não compra um carro melhor? É preciso que o pai explique: "Porque não tenho dinheiro suficiente" ou "porque não seria adequado" etc.

O extremo oposto do diarréico é o entupido, que morre de vontade, mas não gasta nada. Guarda tudo e sofre privações na ânsia de economizar. Quem sabe juntar dinheiro provavelmente terá uma vida mais organizada e saudável que aquele que está sempre correndo atrás do prejuízo, mas convém tomar cuidado com exageros e saber desfrutar o que se ganha.

Na família quase sempre os dois tipos estão presentes. O "gastão" em geral é simpático e sedutor, enquanto o "entupido" é sisudo e fala pouco. É natural que o que já gastou todos os seus bens queira avançar nos de quem está poupando. Os pais devem interferir nesse processo e ensinar que a posse do dinheiro, assim como das roupas, é individual. Não é justo que o que não tem avance no que está cuidando. Cabe aos pais incentivar o equilíbrio: ajudar o diarréico a se conter e o entupido a se soltar.

Uma das formas de fazer isso é descontar as dívidas na fonte, fazendo valer a máxima "dívida é a primeira coisa que se paga". E estabelecer o pagamento de juros. De cada 10 emprestados, por exemplo, 1 é de quem emprestou. É bom que esses juros sejam "extorsivos", piores até que os cobrados por bancos, para impedir que o filho adquira o costume de tentar viver com mais do que ganha — que, aliás, é o grande problema de boa parte dos brasileiros. O que os bancos mais fazem é emprestar para gente que gasta além de suas possibilidades.

Um garoto de 7 anos veio ao meu consultório. Por quatro vezes entrou com a mãe. Numa daquelas ocasiões, por coincidência, eu tinha comigo um Kinder Ovo que havia ganhado de minha filha. Ele ficou encantado! Queria todos os brinquedos do Kinder Ovo num só dia. E a família, abastada, atendia a todas as suas vontades.

Com base nesse gosto, comecei a organizar o ritmo do garoto. Combinei com a família que ela não compraria mais que um Kinder Ovo por dia. Do contrário, seria prejudicial à saúde psicológica do menino. E ele não poderia usar o troco do dinheiro do lanche para comprar o chocolate. Teria de devolvê-lo.

Quando ele vem à consulta preciso ter dois Kinder Ovos. Um para mim, outro para ele. Escondo-os no consultório para ele procurar: "Se não achar, não come". "Você está complicando", ele reclamou. Mas no começo não tinha tolerância nenhuma e chutava a mãe. Depois de quatro meses, hoje passa às vezes cinco minutos procurando o ovo. Ele está se organizando e melhorou na escola. Vem sozinho, com o motorista da família. E aprendeu a agüentar surpresas. Às vezes dentro do ovo há um brinquedinho legal, em outras é horroroso. Ele quer negociar e trocar o brinquedo dele pelo meu. Eu resisto: "Esse é meu, o que é seu, é seu". E assim ele está aprendendo a respeitar limites.

VALES: CAMINHO DO DESEQUILÍBRIO FINANCEIRO

É preciso cuidado especial quando os filhos começam a fazer vales com avós e funcionários da casa. A fonte de dinheiro tem de ser só os pais. E, se acabou, acabou! Do contrário, a criança vai gastando, sem se importar se o dinheiro é dela ou dos outros.

Quando consegue o dinheiro por meio de vales, ela fica muito satisfeita, mas não tem a preocupação de pagá-los. Conta com a benevolência e o perdão dos credores. Se esses são os primeiros passos de sua vida financeira, como pretende agir em sociedade?

Conheci um rapaz que teve a coragem de pedir à diarista o dinheiro do ônibus, pouco mais de 1 real, com a seguinte justificativa: "Você que volte para casa a pé". Outro tinha um acordo com o garçom do restaurante do clube: ele assinava a nota fiscal de almoço sem ter almoçado e pegava o dinheiro (do pai) para comprar drogas.

Nos dois casos, além de querer o dinheiro na hora, eles não se importavam com o método de consegui-lo. Não houve ética com a empregada nem com o pai. Ambos achavam ter poder para "extorquir" o dinheiro da frágil empregada e do pai ausente. Ao primeiro faltou compaixão pela empregada e o segundo já avançava na corrupção.

Havia falhas na educação de ambos, pois não suportavam ficar sem o que queriam. Custasse o que custasse, queriam dinheiro. O poder sobre a empregada e o poder sobre o ausente foram usados como arma para saciar suas vontades.

TELEFONE CELULAR

Muito se tem escrito sobre o uso de celulares na infância, se os pais devem ou não dar um aparelho aos filhos, pois não são as crianças que compram, muito menos pagam a conta. Se dependesse apenas dos pais, eles dariam sempre, mas é preciso que levem em conta uma questão fundamental: sentir-se monitorado a distância é bom ou ruim para o filho? Independentemente do mal físico (deficiência auditiva) que talvez o celular provoque (há pesquisas em andamento), a criança não vai usar o aparelho da mesma forma que o adulto. E qual é a intenção dos pais ao dar? Por que razão o filho deve ter um celular? Se é só porque o filho pediu, ou porque "todo mundo tem", esses não são bons motivos.

O telefone celular é uma facilidade que melhora a qualidade de vida. Se provoca mau humor, brigas, discussões e disputas domésticas, o celular está corroendo a família.

Antes de decidir o que fazer, os pais devem observar, dentre os telefonemas que o filho recebe em casa, quais são essenciais. Ligar para saber se melhorou de saúde é uma condição esporádica, enquanto ligar para casa para que alguém leve o que ele esqueceu é um mau costume que precisa ser corrigido, e não alimentado. Bater papo com amigos, jogar conversa fora ou passar trotes não é fazer bom uso do celular.

Muitos pais têm dado aos filhos um celular com limite de gastos, o pré-pago. Mais interessante que saber *quanto* é observar *com o que ele gastou*. Não importa só o resultado, mas também o caminho percorrido. Quando acabar, ganha outro cartão? Em quanto tempo? Os pais têm de discutir e supervisionar o uso.

Se o filho vai viajar e os pais querem notícias, é bom que saibam que os adolescentes não atendem o celular se estão fazendo o que não devem nem contam o que fizeram por telefone.

VIDEOGAMES

É um dos brinquedos que mais distraem as crianças. Portanto, o *videogame* também representa um perigo, o do vício. É importante saber quando o filho está passando dos limites saudáveis. Os excessos podem ser percebidos pelos seguintes sintomas:

▌ É difícil parar de jogar.

▌ Qualquer tempinho que sobra ele começa a jogar "só um pouquinho!"

▌ Atrapalha as atividades familiares de convivência: papos, saídas, jantares etc.

▌ Fica sem tempo de fazer os deveres escolares.

▌ Avança no horário de deitar e apresenta dificuldade de acordar.

▌ Há brigas porque invadiu horário de outros jogarem etc.

Quando há excesso é porque a criança perdeu o controle. Então é preciso que alguém, principalmente a mãe ou o pai, a ajude a recuperá-lo. Um dos meios é estabelecer um horário para parar de jogar. Os pais não devem cair no seguinte argumento: "Espera, pai, está faltando só um pouquinho para terminar o jogo". O que está combinado é parar de jogar, e não terminar o jogo, que tanto pode acabar dali a minutos quanto levar muito mais tempo, até que liquide o adversário ou seja liquidado. Caso a criança não aceite esse horário, não deve nem começar a jogar. O que está combinado tem de ser cumprido.

Quanto maiores forem os prejuízos a suas atividades, menor deve ser o tempo estipulado para o jogo. Como não se trata de castigo, e sim de arcar com as conseqüências do jogo, à medida que os prejuízos são recuperados a criança ganha mais minutos para jogar. Cuidado para não chegar à perda do controle outra vez...

VIDEOGAMES & VIOLÊNCIA

Existe uma corrente de pensamento que acha que *videogames* violentos estimulam a violência nas pessoas. Há situações em que o cérebro "acredita" que o jogo violento dos *videogames* é real. Isso provoca fortes descargas de adrenalina e neurotransmissores que são descarregados em brigas reais. Os jovens que brincaram com *videogames* violentos na infância seriam mais violentos que os que não brincaram.

Outra corrente acha que tais jogos não provocam tanta violência assim. Caso contrário, o Japão — e outros países asiáticos produtores desses *games* — estaria submetido à violência de seus jovens, pois a maioria quase absoluta brincou com *videogames* violentos. Para essa corrente, o cérebro "sabe" que está simplesmente assistindo, e não interagindo física e emocionalmente com os *videogames* violentos.

Os pais têm então de decidir se satisfazem o gosto do filho, permitindo que brinque com o *videogame* violento "que todo mundo tem", ou simplesmente "não tocam nesse assunto" com ele.

Nem 8 nem 80. Os *videogames* violentos podem predispor à violência aquelas personalidades ou os que vivem em ambientes favoráveis a seu crescimento. Há pessoas que nascem mais agressivas que outras. Estas, quando crescem em ambientes favoráveis à violência, podem se tornar mais violentas que outras. Então esses *games* podem agravar a situação.

Outras pessoas, por falta de limites, por tolerar menos as frustrações do cotidiano, por se achar no direito de fazer o que têm vontade sem a mínima consideração com os outros, podem se tornar muito agressivas e impulsivas. Daí para a violência é um passo. A violência é a agressividade natural e adequada que saiu do controle e passou a ser destrutiva.

Quando há armas em sua casa ou seus familiares andam armados, a criança cresce "armada". Uma arma nunca é usada para o bem. Mesmo que seja para proteção, implica a possibilidade de atirar em alguma pessoa "do mal". Por acaso, quando atira nesta, a outra pessoa não se transforma também em "má"? Saberá a criança distinguir entre pessoas "do mal" e pessoas que a contrariem? A maneira de os adultos resolverem seus problemas ensina a criança a resolver os dela. Futuramente, ela vai escolher entre a saúde social e a transgressão.

Os pais de uma jovem de 16 anos começaram a desconfiar de seu namorado, que era recente, e de seus amigos, que aparentavam ser "do mal": não trabalhavam, não estudavam, eram tabagistas inveterados, usavam boas roupas apesar de não ter rendimentos e eram bons de conversa.

O comportamento da filha em casa mudou: tornou-se muito agressiva com os pais, perdeu aquela vaidade natural de mocinha de classe média e fugia da escola para ficar na casa dele. "Eu vou salvá-lo das drogas", dizia ela.

O pai, com o auxílio da polícia, "grampeou" o telefone da filha e do namorado. Descobriram então que os rapazes estavam planejando seqüestrar a garota. Foram pegos com drogas quando estavam numa casa de jogos de computador praticando virtualmente o seqüestro e aprendendo todas as suas artimanhas.

As "pessoas do mal" podem usar jogos de computador para se aperfeiçoar na prática de suas delinqüências.

SABENDO USAR, NÃO VAI FALTAR

Quando a energia elétrica era farta no Brasil, havia desperdício e consumo desnecessário. Em 2001 o governo foi obrigado a implementar medidas de racionamento do consumo de energia devido à longa estiagem, que levou à queda do nível de água dos reservatórios. Não existe reserva de energia elétrica. Ela é produzida de acordo com a necessidade de consumo. São as matérias-primas que podem ser reservadas, represando-se a água, por exemplo. Educar é também ensinar a usar racionalmente a energia elétrica.

Em 2000, cada pessoa gastava, em média, 50 litros de água potável por dia. Se essa quantidade for mantida, em 2030 faltará água potável no mundo para tanta gente. Lavar com esguicho a calçada de casa? Nem pensar...

Durante muito tempo quem tinha informação detinha poder. Hoje, na internet, há desperdício de informações. Agora tem poder quem sabe utilizar bem as informações. Portanto, educar significa ensinar a lidar com o que já se tem, evitando desperdícios e criando a consciência da suficiência para ter uma excelente qualidade de vida. É como diz a sábia campanha: "Sabendo usar, não vai faltar".

DESPERDÍCIO DO "NÃO"

Quantas ordens dos pais aos filhos são descumpridas? Que acontece aos filhos desobedientes? A melhor maneira de perder a autoridade é dar uma ordem que não será cumprida. E esse processo começa na mais tenra idade, quando a criança desobedece aos "nãos" dos pais. Quantos "nãos" os pais dizem num dia? Numa semana? Durante a infância dos filhos? São muitos, mas muitos mesmo... Destes, quantos as crianças realmente obedeceram? Todos os demais expressam o desperdício do "não".

Para recuperar a autoridade essencial à educação, é importante compreender a psicodinâmica da desobediência do "não" e, a partir daí, buscar a modificação.

Antes de proibir, é preciso analisar a situação:

■ O filho corre forte risco de vida (ser atropelado, brincar com armas, cair perigosamente, pôr na boca produtos tóxicos e venenos, querer acariciar cão bravio e rosnando etc.). Deve ser parado com um "não" forte e incisivo, num grito, enquanto se faz a contenção corporal no braço, na camisa, onde conseguir pegar. É uma emergência, portanto esse deve ser um "não" proibitivo, sem acordos...

■ O risco de vida é fraco (brigas sem armas entre irmãos, abuso de jogos/brinquedos/esportes/situações perigosas, radicais ou violentas etc.). O "não" também deve ser muito claro e firme, em voz alta, mas sem gritos. Geralmente cabe um acordo e não é tão emergencial. Significa: "Pare (ou cuidado) com isso para não se machucar".

■ O filho infringe normas locais em ambientes que requerem comportamento adequado (fura filas, não pára quieto, grita, mexe no que não deve, faz bagunça, incomoda outras pessoas, provoca crianças ou animais de estimação dos outros etc.).

■ O filho atrapalha ou incomoda pessoas que precisam se concentrar.

Então o pai e a mãe devem refletir:

■ Se dizem o "não" muito mais por motivos pessoais (impaciência, falta de tempo, desinteresse, preguiça, para agradar às visitas etc.) que para educar o filho.

■ Se é realmente necessário dizer "não", pois se falta convicção ele predispõe à desobediência.

A criança que desrespeita o "não" da mãe ou do pai tende a desrespeitar o "não" de outras pessoas. Além do mais, desenvolve a incapacidade de se controlar, isto é, não consegue dizer "não" a si mesma.

A criança que costuma desacatar o "não" torna-se voluntariosa, impulsiva, instável, imediatista e intolerante, prejudicando os outros e também a si própria. Sua personalidade fica tão frágil que não suporta ser contrariada. Daí insistir, teimar, fazer birras e chantagens para conseguir o que quer.

É uma criança infeliz, pois nunca fica satisfeita. Despreza logo o que custou tanto a conseguir. O brinquedo que ela "mais queria na vida" é jogado fora sem remorso. Em seguida volta a usar o esquema que todos conhecem para obter outro "sonho da sua vida". É assim que os pais criam as "crioncinhas", que depois se transformam em "aborrecentes" não só em casa mas também na escola e na sociedade.

SELVA DE PEDRA

São Paulo vive a banalização dos seqüestros, noticiou em primeira página o jornal *Folha de S. Paulo* no dia 11 de novembro de 2001. A cada 35 horas ocorre um seqüestro na cidade. Os novos alvos são pedestres, inclusive jovens e crianças que andam nas ruas, a caminho da escola. Esses seqüestros são rápidos. Os bandidos tanto podem exigir 500 reais quanto milhares de reais, expondo a família ao sofrimento e a vítima ao risco de vida se a exigência não for atendida.

A título de prevenção, as escolas estão recomendando aos alunos tirar o uniforme antes de voltar a pé para casa, a fim de que os bandidos não possam identificar que se trata de uma boa vítima, já que consegue pagar por uma escola renomada. Então, eles têm de levar outra camiseta qualquer para andar na rua ou tomar ônibus na volta para casa.

Esses fatos influem no comportamento das crianças. Agora, o risco não é só perder a mochila ou o tênis, mas ter a vida ameaçada em seqüestros relâmpagos. O telefonema que exige o resgate instaura um clima de terror na família.

Nas palestras, os pais me perguntam se orientar a criança sobre os cuidados a tomar com sua segurança prejudica a inocência do crescimento? Como alertar o filho sem transformá-lo numa pessoa medrosa?

Há muitos anos os grandes centros urbanos foram comparados a selvas de pedra devido à paisagem dominada por prédios. Agora, a selva está cheia de predadores. A mãe que cria o filho no meio da mata ensina a lidar com cobras, aranhas, onças e outros perigos naturais. Nas selvas de pedra, os seres humanos são ao mesmo tempo predadores e presas. O clima está tão pesado que a mãe tem de alertar os filhos no sentido de se poupar, não se expor pela ingenuidade a ser o próximo seqüestrado. Não é preciso mostrar os horrores de um seqüestro, exagerando na sua descrição. Mas a criança tem de conhecer os procedimentos para sobreviver nessa selva de pedra.

Adultos sabem muito bem quais são os comportamentos preventivos: não falar com estranhos, não demonstrar riqueza, não ficar distraído no semáforo, andar com os vidros do carro fechados, não andar desatento pela rua e, se houver algum suspeito, atravessar a rua, evitando ao máximo locais pouco movimentados, especialmente à noite. As crianças precisam aprender a sobreviver na selva em que vivem, pois, se antes eram poupadas, hoje são os alvos preferidos. Entre as medidas a ensinar está a maneira de atender o telefone. Orientar todos da casa, familiares e empregados, a não oferecer dados como nome dos moradores, atividades, rotina, horários, itinerários etc. Ao atender o telefone, perguntar diretamente com quem quer falar em vez de dizer o número. Ainda que a família more em prédio, não permitir que a criança corra para abrir a porta assim que toca a campainha. A segurança dos edifícios também pode ser burlada. Abrir a porta tem de ser tarefa de adulto.

Aprender a sobreviver nessa selva é absolutamente necessário.

O cachorro vira-lata sabe atravessar a rua. Atropelados são os cachorrinhos de raça que vivem presos dentro de casa. Seu filho não precisa ser um vira-lata, mas não deve ser atropelado pela ingenuidade.

Um dos grandes problemas da juventude é não valorizar a vida. Isso se revela no uso de drogas e na preferência por esportes de alto risco. Analisando-se o histórico de vida dessas pessoas, descobre-se que na infância elas também foram muito expostas a perigos ou extremamente reprimidas. Acabam se acostumando e correm o risco de subestimar o perigo. É quando se tornam vítimas. Na maioria das vezes, são os autores do acidente sofrido.

Desde cedo a criança tem de aprender a se preservar. Os pais devem ensiná-la a não se exibir na escola mostrando o tênis de grife ou contando que tem piscina em casa. Ela vai se sobressair pelo que é, não pelo que tem. Ninguém é seqüestrado pelo que é. Os bandidos querem o que ele tem.

Todos concordam em proteger os filhos. Graças à força genética da perpetuação da espécie, principalmente materna, de proteger os filhos contra tudo e contra todos, a humanidade cresceu. Pouco resolve os pais se acomodarem a pensamentos e comportamentos pessimistas do tipo "isso é o preço que se paga por viver numa cidade grande" e dar por encerrada essa questão.

Se nós pertencemos a essa sociedade/selva, é preciso que os pais, além de proteger os filhos, procurem fazer algo saudável pela sociedade, para que a educação e as oportunidades de trabalho cheguem também aos predadores. As vítimas e suas famílias não podem querer vingar-se fazendo justiça com as próprias mãos, mas podem se dedicar a contribuir para o bem-estar da cidade, até mesmo dos excluídos.

Essas medidas podem começar pela empregada da própria casa, oferecendo-lhe boas condições de trabalho e interessando-se por sua vida. Repare se está jogando fora algo que pode ser aproveitado pela sociedade. É o critério de felicidade social. Não adianta esperar que o governo destaque um segurança para cada criança. Cada um tem de se mobilizar para fazer esse trabalho.

FILHOS SÃO COMO NAVIOS

O grande ensinamento educativo é que a criança não pode fazer simplesmente o que tem vontade, mas deve administrar essa vontade.

Quem ama, educa. E tem de educar a vontade para se proteger e dar condições para que a criança cuide da própria segurança.

O lugar mais seguro para o navio ficar é no porto. Mas essa não é a finalidade para a qual foi construído. Para um navio bem construído, o mundo é pequeno.

Os pais são um porto seguro para os filhos até que eles se tornem independentes. Embora possam pensar que o lugar mais seguro para as crianças é junto deles, os filhos devem ser preparados para navegar mar adentro, enfrentando bom e mau tempo para atingir seus objetivos. A criança deve ser educada e preparada para ser seu próprio porto seguro. Assim, o mundo também será pequeno para ela, porque mais amplos serão seus horizontes...

Nem sempre os navios vão para o lugar que seus fabricantes imaginaram. Ninguém pode garantir que caminho o filho vai seguir, mas, seja para onde for, deve levar dentro dele valores como ética, humildade, humanidade, honestidade, disciplina e gratidão, dispondo-se a aprender sempre e a transmitir o que puder com vistas a estabelecer relacionamentos integrais com todas as pessoas, independentemente de sua origem, cor, credo e condições socioeconômicas e culturais.

O filho nasceu dos pais, mas é um cidadão do mundo.

FORMANDO PREDADORES DA SELVA DE PEDRA

É comum famílias constituídas, com pais separados ou não, temerem que os filhos sejam vítimas dos predadores da selva de pedra. Basta alguns meninos de rua se aproximarem que logo surgem inseguranças, temores e pânicos.

Nem todos os meninos de rua ou pedintes são predadores, como nem todos os filhos que vivem em lares são vítimas. Muitos pais não imaginam que os próprios filhos, ao ganhar as ruas, possam ser predadores.

Em junho de 2002, foi notícia de jornal que três rapazes paulistas, maiores de idade, roubaram a bolsa de uma faxineira que continha somente uma marmita e um passe de ônibus. Os rapazes, que eram de boa família, estavam saindo de uma festa, em um bom carro, e para se divertir resolveram assaltar uma transeunte. Por farra, para fazer uma brincadeira, assaltaram a faxineira, que ia para mais um dia de trabalho, às 6 da manhã, em plena avenida movimentada de um sofisticado bairro paulistano. Os rapazes haviam bebido na festa e um deles portava 10 gramas de maconha.

Provavelmente esses rapazes, ao sair de casa, ouviram dos pais recomendações, conselhos e advertências: "Tomem cuidado, vejam com quem andam, não aceitem qualquer coisa de desconhecidos, afastem-se dos maus elementos, não bebam nem usem drogas etc. etc.". Em outras palavras seus pais disseram: "Cuidado com os predadores desta selva de pedra!" Talvez jamais lhes ocorresse que os predadores fossem os queridos filhos, muito bem-criados...

Filhos que usam a própria casa como "pensão", isto é, entram e saem sem dar a mínima satisfação, e não mantêm acesos os vínculos familiares, exigindo o que consideram seus direitos sem corresponder às obrigações, tudo em nome do prazer, já são predadores dentro da família.

Nada impede que, ao sair de casa, continuem predadores, desta feita, do social. Quem não cuida do seu quarto e dos seus familiares não tem por que cuidar do social e de outros cidadãos.

Uma das maiores causas da transformação dos filhos em predadores é a má educação e o uso de drogas.

PREVENÇÃO ÀS DROGAS

A chance de um jovem entrar em contato com drogas é muito grande. A melhor prevenção é dar formação ao filho para que tenha a força de enfrentar as mais diversas situações ao longo de sua vida.

O conhecimento que adquiri em mais de trinta anos de trabalho com adolescentes me dá a certeza de que um dos principais motivos de o jovem começar a usar drogas é seu despreparo para viver.

São muitas as razões que levam os adolescentes a experimentar drogas. As explicações sobre o uso contínuo das drogas por uns e não por outros e os vícios decorrentes estão em meu livro *Anjos caídos* (Editora Gente). Aqui destaco as questões educacionais familiares.

Alguns posicionamentos que predispõem o adolescente a usar drogas:

■ **Extrema liberdade**. Os pais deixam os filhos fazer tudo na infância. Na adolescência, as vontades e os desejos aumentam e a falta de limites se agrava. Educação requer limites, e a criança deve entender por que são necessários. Se ela não compreende a razão deles e simplesmente obedece, quando o proibidor desaparece continua fazendo o que tinha parado de fazer. Se está sozinha e não há quem a proíba, faz outra vez o que foi proibido.

Crianças sem limites são guiadas pelo eu interior instintivo (animal), não medem conseqüências nem assumem responsabilidades. Não têm esse aprendizado porque alguém sempre responde por elas. Se não houvesse esse alguém, a própria vida acabaria lhes mostrando as conseqüências do que fizeram.

Será melhor para todos que a criança aprenda o mais cedo possível que não pode fazer tudo o que quer. A saúde social está em distinguir entre o que pode e o que não pode fazer. Um aprendizado estimula o outro. E torna-se cada vez mais fácil aceitar os limites da vida e lutar pelo que se acha que se pode fazer.

■ **Achar que o gostoso é sempre bom**. Quando pergunto a um adolescente por que usa drogas, é comum que ele responda: "Porque é gostoso". Mas há coisas gostosas que não são boas. Da mesma forma, há coisas amargas que não são necessariamente ruins. O que deve ser evitado não é o amargo, mas o ruim.

Gostosa é uma sensação física (biológica, portanto animal) de prazer que todas as pessoas sentem, independentemente de idade, sexo, cultura, raça, religião etc. Bom ou ruim é um critério racional que pertence a um quadro de valores, portanto depende de critérios como saúde, cultura, lei, religião, sociedade etc.

Quem está doente tem de tomar remédio, mesmo que não seja gostoso. O costume de os laboratórios farmacêuticos darem sabores agradáveis aos remédios dificulta a compreensão desse fato. Medicamento deve ter gosto de remédio. Gostoso ou não, ele é bom.

A maioria das pessoas gosta de chocolate. Gostoso, não? Para o diabético, o chocolate comum é ruim, apesar do gosto agradável, porque piora a doença. A criança não deve fazer só o que é gostoso. Estudar talvez não seja. Mas é preciso porque é bom. Usar drogas talvez seja gostoso, mas nunca é bom. É o prazer que justifica qualquer prejuízo.

Os pais não precisam tornar a vida amarga de propósito, mas preparar os filhos para enfrentar o lado amargo da vida é uma lição importante que não pode ser esquecida.

▌**Não ter de arcar com as conseqüências do que faz.** Uma das condições que determinam a saúde social é saber que tudo está relacionado. O problema de hoje pode ser resultado do que não se fez ontem. Se o estudo for deixado de lado, já que dá muito trabalho, o preço a pagar no futuro pode ser muito alto.

▌**Não ter obrigações a cumprir.** Dentre as obrigações que os jovens têm de assumir, uma das mais importantes é utilizar sua capacidade. Quem sabe fazer aprendeu fazendo. Quando os pais fazem pelo filho, ferem sua auto-estima. Como alguém pode alimentar a auto-estima com elogios e notas por lições que não fez? Além de passar a mentir, os filhos tornam-se incompetentes. Acabam fazendo só o que têm vontade, e não o que tem de ser feito.

O corpo exige ser alimentado de forma saudável. Quando não é atendido, ele se manifesta. Comendo só o que tem vontade, a criança pode até engordar, mas está desnutrida.

A personalidade também exige alimentos como disciplina, ética, persistência e garra para atingir metas. Dois dos muitos sinais de uma personalidade desnutrida são o abuso de drogas e a síndrome dos "parafusos de geléia".

A sociedade exige educação contínua e permanente, pois o conhecimento é perecível. O estudo e a atualização profissional constante propiciam a excelência da qualidade de vida na saúde social.

■ Ser egoísta. É fundamental que o filho saiba que a vida não é só dele, mesmo que somente ele possa vivê-la. A criança pequena diz, orgulhosa, "você é meu pai" não para marcar a propriedade dela, mas para deixar claro que pertence a alguém: "Eu pertenço a você, você é que cuida de mim". Se essa sensação for preservada e pai e mãe reforçarem o "você é meu filho", forma-se uma unidade em que tudo o que um faz interfere na vida do outro. Ao tomar qualquer atitude, a pessoa pensará naqueles que ama. Isso a torna mais forte e menos vulnerável às pressões para o uso das drogas. Pensa: "Não vou usar porque não quero prejudicar a mim nem aos outros".

Se, pelo contrário, essa sensação de pertencimento não for clara, o jovem pode se considerar um "estranho no ninho" e achar que no seu mundo só existe ele e mais ninguém, pensando: "A vida é minha, faço dela o que eu quiser. Portanto, uso drogas porque quero".

Quem usa drogas se torna tremendamente egoísta. Usar drogas, uma atitude já egoísta, aumenta o egoísmo. "Por que não posso usar sozinho no meu quarto? Não estou prejudicando ninguém". Ele está sozinho fisicamente, mas não é sozinho no mundo. As pessoas que o amam estão sofrendo com sua atitude.

Merece um destaque especial o posicionamento de não estar prejudicando ninguém. Mesmo que "canabise" sozinho no quarto, ele (ou alguém que deu a ele) comprou a droga de um traficante. Com esse dinheiro e o recebido de outros ingênuos "canabistas", o traficante compra armas. E com elas ameaça, rouba, extorque e mata os outros. Assim o ingênuo "canabista" acaba pertencendo à rede da violência e do crime.

A sensação de pertencimento dá ao ser humano a certeza de que é realmente importante para o outro. Da mesma forma que a mãe pensa "tenho filhos para criar, não posso me arriscar", os filhos podem pensar: "Tenho meus pais para olhar". E evitar riscos. É a força gregária do ser humano na constituição de um time no jogo da vida.

▌Cair nas ondas da moda. Não se deve fazer nada simplesmente porque todo mundo faz. O ser humano é gregário, quer fazer parte de uma comunidade. Para ser aceito, tende a fazer tudo igual. Depois passa a competir para ser o melhor. Se o grupo começa a fazer coisas que ele não quer, não é obrigado a acompanhá-lo. Se os amigos estão pichando e ele não quer fazer isso, não precisa. Se pichar também, cai na onda, começa a virar delinqüente.

Não é preciso se afastar das pessoas diferentes. O importante é se respeitar e respeitar os outros. Então a pessoa pode exigir que a respeitem. Há grande diversidade de comportamentos e até de religiões. Nem os próprios pais concordam entre eles o tempo todo.

Quem precisa estar na moda e quer ter ou fazer o que os outros têm ou fazem revela baixa auto-estima. Quem se estima não precisa entrar na moda para se sentir bem. Quem se vale do que tem ou do que usa como ficará quando não puder mais ter ou usar? É nesse momento que a força da personalidade aparece e o jovem pode mostrar de fato quem é.

▌Falta de ética. Quem tem ética respeita tanto o outro como a si mesmo. Essa base do comportamento social começa em casa. Assim como os pais se preocupam com o filho para que nada de mal lhe aconteça, ele também deve se preocupar com os pais e fazer o possível para preocupá-los menos. O maior poder do controle do uso, ou não, das drogas está com o próprio filho. Depois que as usa, o filho perde progressivamente o controle do que se passa dentro dele, como resultado do que a droga ingerida lhe provoca bioquimicamente. A droga é prazerosa e absoluta: sempre age conforme suas características químicas nos mais diferentes organismos. O uso das drogas, a mentira, a violência e a delinqüência andam de mãos dadas.

A ética se desenvolve com a responsabilidade, quando a criança faz o que é capaz de fazer. Os pais precisam parar de fazer tudo pelo filho. Quanto menos o filho faz, mais aumenta a dificuldade de fazer. Com o passar do tempo, ele passa a ter vergonha da dificuldade de fazer o que a maioria do pessoal de sua idade faz. Muitos meninos e meninas de 9 e 10 anos andam com o cadarço do tênis solto porque não sabem amarrá-lo. O pai e a mãe que sempre amarram o tênis do filho, oferecendo por amor essa ajuda de boa vontade, acabam mais atrapalhando que ajudando no desenvolvimento da auto-suficiência do filho.

Não respeitar nem estimular o desenvolvimento da auto-suficiência é uma pequena falta de ética dos pais. Da mesma forma que ocorre quando fazem a lição do filho, o desejo dos pais de amarrar o tênis foi maior que o de ensinar o filho a fazê-lo. É por amor, e não por sua falta, que o fizeram, mas o que importa é que o prejuízo foi maior que a ajuda.

Mais tarde, os filhos, para não admitir que são incapazes, dizem que são eles que não querem estudar ou amarrar os cadarços... Conclusão: o importante é que o filho aprenda. Por isso, *quem ama, educa.*

PARTE 3

PEQUENO MANUAL DE MÃE & PAI

1. PRECEITOS GERAIS

■ Falem a mesma língua. Quando o pai diz "vinho" e a mãe diz "água", o filho "disanda". Troquem idéias em família antes de tomar decisões importantes, para contar com o compromisso de todos.

■ Imponham limites saudáveis e possíveis de respeitar. Ausência, incoerência ou inconstância de limites provocam ansiedade, falta de controle e insegurança, levando à diminuição da auto-estima das crianças.

■ Prometam somente aquilo que pode ser cumprido. Muitos pais prometem o que sabem de antemão que não conseguirão fazer. Talvez seja mais cômodo prometer que enfrentar realmente o que precisa ser feito. Não existe nada pior para os filhos que perder a confiança nos pais. Lembrem-se: quem promete pode esquecer, mas o credor da promessa jamais a esquece.

■ Peçam aos filhos que contem o que fizeram em casa, o que aprenderam na escola, o que viram no passeio — e saibam ouvir. Assim, estarão ensinando a ouvir, além de participar da vida deles, mesmo que estejam ausentes fisicamente.

■ As crianças escutam também com os olhos; portanto, quando quiserem realmente ser ouvidos, falem olhando dentro dos olhinhos delas.

■ Utilizem os cinco passos para um atendimento total que leve à educação integral:

1. Parem o que estiverem fazendo e limpem a cabeça de pensamentos preconcebidos, como se fossem atender o filho pela primeira vez.

2. Ouçam até o fim a fala do filho (estimula o racional-humano).

3. Olhem: o olhar é instintivo e capta tudo instantaneamente (estimula o instintivo-animal).

4. Pensem na melhor resposta para atender às necessidades e alimentar a independência e auto-estima.

5. Ajam conforme a linha educativa que pretendem adotar.

2. EXIGÊNCIA E GRATIDÃO

▌ Não exijam do filho mais do que a capacidade dele permite nem deixem de exigir o que ele é capaz de fazer.

▌ Peçam a ajuda do filho, mas sem explorá-lo.

▌ Agradeçam-lhe com um sonoro e afetivo "muito obrigado", coroado com um gostoso beijinho estalado na bochecha, quando sentirem de fato gratidão no coração pela ajuda que receberam. Não banalizem a gratidão.

▌ Depois de atender a um pedido da criança, agachem-se e, olhando no fundo dos olhos dela, peçam: "E o meu 'muito obrigado' não vem?" O sentimento de gratidão fortalece os relacionamentos e inspira boa vontade.

▌ Ajudar os filhos não significa fazer por eles o que eles têm capacidade de fazer. Lembrem-se: quem sabe fazer aprendeu fazendo! Quando a mãe e o pai fazem a lição pelos filhos, não importam os motivos, além de emburrecê-los estão ceifando preciosas etapas do aprendizado.

▌ Mais importante que o resultado simples e seco é saber dos recursos utilizados para consegui-lo. Tirou nota 8? Como? Colou do vizinho? Assinou o trabalho do grupo sem participar dele? O 8 vale muito mais se estudou. Assim, a ética e a disciplina são incorporadas na formação da auto-estima.

3. ERROS E APRENDIZADOS

■ Em lugar de castigos e punições, usem a filosofia das conseqüências. Geralmente o castigo não educa. O erro deve levar ao aprendizado.

■ Conseqüências têm de ser educativas e previamente combinadas, para que as crianças saibam que estão fazendo algo que não deviam.

■ Gritando ou batendo, perde-se a autoridade da ética e a força da razão. Expliquem os motivos da proibição e do "não" e sugiram formas de aproveitar aquela energia que seria gasta de maneira inadequada em outra atividade permitida. A todo "não" deveria seguir-se um "sim" em outra direção.

■ Quanto menor a idade da criança, mais curtas e claras devem ser as explicações. Peçam e ouçam a versão dos filhos, mas não aceitem uma justificativa qualquer.

■ Uma criança entende quando lhe dizem: "Eu amo você, mas não gosto do que você faz!" Apesar de estar sendo advertida, essa frase fortalece sua auto-estima. Cuidado para não desgastar o "eu amo você". Usem somente quando o amor vier realmente do fundo do coração. O amor raramente vem na hora da bronca, portanto, se não for muito necessário, dispensem a primeira parte da frase...

4. PAPOS E COMIDA

■ Todos passam por momentos de inapetência. Ninguém morre por ficar sem comer algumas horas. Mas a criança tem de aprender que se não comer vai ficar em jejum até a próxima refeição.

■ É importante que ela se sente à mesa e converse com os pais durante a refeição, mesmo que não coma, pois isso aumenta e fortalece a alegria de viver em família.

■ A refeição deve ser acompanhada de conversas alegres, sem muito peso nem responsabilidade, para que não se prejudiquem a mastigação e a digestão.

■ O mau humor é péssimo tempero para a alma.

■ Quando o pai e a mãe estiverem de folga, sem cozinheira em casa, cada um pode comer o que quiser, não importa o que nem a hora. A criança pode passar sem almoço, ir à lanchonete, comer pastéis e esfihas e tomar garapa. É o recreio das obrigações alimentícias. As crianças concordam em comer alimentos saudáveis quando sabem que há um dia em que podem se satisfazer com "porcarias": é o Dia da Porcaria.

■ A criança que aprende que a comida adequada faz bem a seu corpo, assim como ouvir boas histórias agrada a alma, sabe esperar e suportar frustrações, o que é fundamental para viver bem em sociedade.

5. HORA DE ESTUDAR

■ Escolham local e mesa adequados para o estudo. É importante que caibam o caderno e os cotovelos abertos da criança sobre a mesa. Não para apoiar os cotovelos, e sim o antebraço e ainda sobrar espaço suficiente para outros cadernos e livros.

■ Ajudem a organizar os horários de estudo. Percebam que horários rendem mais e quando é inútil ficar sentado na frente dos livros.

■ A criança deve estudar em voz alta e evitar decoreba. Num quarto com TV, internet, telefone ou qualquer outro atrativo, torna-se sonífero ler somente com os olhos. Não é justo com a mãe ou com qualquer outro adulto ler para a criança. O importante é que ela mesma descubra ou lembre o que deve ser feito. Afinal, ela é responsável pela lição de casa.

▌ Fazer lições pelo filho, enfeando a própria letra, é um veneno para a auto-estima dele. A professora precisa saber o que a criança consegue ou não fazer para auxiliá-la na preparação das aulas.

▌ Saber na ponta de língua não é o que interessa. É importante que a criança aprenda a pensar. Portanto, em vez de tomar a lição estudada, peçam à criança que a explique usando suas próprias palavras: "Vamos fazer de conta que você é o professor, e eu, seu aluno. Só não vale repetir o que está escrito. Invente um jeito de me explicar diferente". O que favorece o aprendizado é aplicar o que estudou. Dar aula é um excelente método de memorização do conhecimento.

▌ É dever da criança arrumar e carregar a mochila. A mãe pode ajudar a organizá-la, mas quem pega os cadernos é a criança.

6. ENTRE IRMÃOS

▌ Nunca comparem um filho com outro ou com qualquer pessoa. Cada um tem o privilégio de possuir identidade própria.

▌ Brigas são maneiras de buscar poder, autonomia, importância, individualidade. Os pais devem tratar cada filho de maneira diferente. Podem, ao mesmo tempo, premiar o que merece e não dar nada para o que não merece. Uniformizar castigos e prêmios tira o valor deles.

▌ Brigas físicas não podem ser toleradas. Os pais devem interferir fisicamente na separação dos briguentos com um sonoro, firme e claro "parem com isso!"

▌ Tentar descobrir o responsável pelas brigas para castigá-lo geralmente é impossível, pois todos têm argumentos bastante razoáveis de que são vítimas, e não algozes. A culpa é sempre do outro.

▌ Se um dos filhos estiver machucado ou com olho roxo, o que machucou deve assumir as conseqüências: fazer curativos ou compressas de água fria ou quente no outro. Castigos não resolvem brigas entre irmãos, mas assumir as conseqüências e compensar os danos pode educar bastante.

7. CIDADANIA

▌ Conhecer e praticar a cidadania faz parte da saúde social. Os pais devem ensinar aos filhos que não é justo nem ético ofender e menosprezar as pessoas, fingir que não existem, achar que a culpa é sempre dos outros. Qualquer ser humano merece ser tratado com respeito.

▌ Dê poder a um ignorante e ele mostrará sua ignorância no poder. Quando os pais aceitam a delinqüência do filho, estão lhe dando autoridade, que acaba gerando poder. Como não tem conhecimentos, muito menos sabedoria, o ignorante transforma suas vontades e instintos em leis impostas tiranicamente.

▌ A criança que guarda seu brinquedo depois de brincar aprende a cuidar dos pertences. Quem não cuida perde o que tem. Para ter é preciso saber preservar. O ser humano é o maior predador da natureza, mas poderia ser seu maior preservador.

■ Quem tem o hábito de arrumar o quarto cuida de seu pequeno *habitat.* Logo esses cuidados se estenderão à casa e à escola. No futuro, terá facilidade de cuidar da cidade e do planeta.

■ A criança que quer ser ouvida e atendida deve aprender a se expressar e a pedir. Se ela obtém respostas, corresponde a quem lhe pergunta.

■ Quem não respeita os próprios pais não tem por que respeitar a sociedade.

8. ÉTICA

■ Quando o filho não respeita os pais e estes nada fazem, ele se sente autorizado a desrespeitá-los. Isso dá poder ao filho, desencadeando a inversão de valores.

■ Quando os pais fazem, mesmo por amor, os deveres do filho, são antiéticos. Quem está sendo enganado? Quem é o principal prejudicado?

■ Quando os pais arrumam a bagunça do filho, estão criando um folgado. Não é ético ser folgado, porque sempre há alguém sufocado embaixo dele. Se o filho joga lixo no chão e a casa está limpa, o sufocado pegou esse lixo por ele.

■ Falar mal da mãe ou do pai ausente, além de não agradar à criança, é prejudicial à educação ética porque gera insegurança e conseqüentes danos à auto-estima. Além disso, prejudica a educação da criança, que absorve esse costume do "como somos". Lembre-se: quem fala mal de um para outro, quando encontra um terceiro pode também falar mal do outro.

■ Evitem mentir ou dar desculpas esfarrapadas na frente da criança e muito menos pedir-lhe ajuda para esse fim. Assim, evita-se a criação de um mentiroso, um dos primeiros estágios da delinqüência.

9. AUTO-ESTIMA

▮ Cuidados adequados à idade, carinhos, respeito e afeto ao lidar com o bebê alimentam sua auto-estima essencial.

▮ Reconhecer e festejar as realizações e conquistas, reforçá-las alegremente e estimular, sem pressionar, a mais uma descoberta alimentam a auto-estima fundamental.

▮ A criança sente satisfação em fazer a lição de casa. A satisfação da realização alimenta a auto-estima. Portanto, os pais que fazem a lição pelos filhos estão ceifando sua auto-estima.

▮ O afetivo clima familiar de ajuda mútua que reforça a sensação de pertencimento a uma família/equipe nutre a auto-estima familiar.

▮ Os pais podem dar alegria, conforto, satisfação e roupas da moda para os filhos, mas não podem lhes dar felicidade. O que os pais podem fazer é alimentar a auto-estima dos filhos, que é a base da felicidade.

▮ A alegria de ter pode ser trocada rapidamente pela depressão de não ter, mas nada nem ninguém consegue se apossar da felicidade de ser.

Se, porém, você já fez tudo que este pequeno manual diz que deve evitar, não perca as esperanças. A mente humana supera tecnologias, ideologias ou regras:

▮ *Hackers rompem qualquer sistema de proteção de computadores.*

- Caiu a Muralha da China.
- Recordes esportivos são superados a todo instante.
- O machismo está sendo ultrapassado.
- A informatização aposentou profissões clássicas.
- Filhinhos pequenos, já "crianças", estão precedendo os "aborrecentes".
- Neuroses têm cada vez mais oportunidades de ser tratadas.
- A busca da felicidade social supera a individual pela Integração Relacional.
- Todo ser humano tem o direito de ser feliz.

Você pode continuar a partir do ponto máximo a que seu predecessor chegou. Todos nós temos inteligência, criatividade e bom senso para superar os problemas que nós mesmos criamos. Se sua infelicidade persistir, você pode buscar a ajuda que a civilização lhe oferece para alcançar a felicidade que teima em escapar de suas mãos.

Não desista, continue tentando, pois a vida é generosa: está sempre oferecendo novas oportunidades.

Não há filho que seja tão desacreditado quanto foi a Seleção Brasileira de Futebol na Copa 2002. Para o técnico Luiz Felipe Scolari, não foi difícil ter a idéia de unir grandes estrelas individuais. O mais complicado foi executá-la e permanecer fiel a ela contra tudo e contra todos. Ele precisou de muita perseverança, disciplina e força de liderança... E valeu a pena: conquistou para o Brasil o título inédito de Pentacampeão Mundial de Futebol.

Você também pode escrever a página do próximo passo que vai mudar o enredo do livro de sua família.

Você, eu, todos nós temos de preparar nossos filhos para o Brasil que estamos lhes deixando...

Nossos filhos merecem esse esforço!

PARTE 4

PERGUNTAS
E
RESPOSTAS

Pais e mães aflitos e preocupados em educar melhor os filhos me fazem muitas perguntas durante minhas palestras por todo o Brasil. Selecionei as que abordam problemas mais comuns e algumas situações críticas cujos conteúdos estejam relacionados com este livro. As respostas poderão ajudar pais e educadores a superar dificuldades e a resolver diversos problemas.

1. Como enfrentar um possível conflito na cobrança da disciplina quando o pai é durão e a mãe mole ou a mãe é durona e o pai banana? De que modo o casal pode lidar com essa diferença para que não prejudique a educação dos filhos?

Resposta: Um dos pilares da educação em busca da saúde social é o princípio da coerência, da constância e da conseqüência. Assim, os pais têm de transmitir mensagens, ordens e cobranças de maneira, no mínimo, coerente. Por isso é importante que o "molinho" e o "durão" cheguem a um acordo antes de tomar alguma atitude em relação à criança, para que possam manter a constância. Caso não se entendam, o conflito atingirá o filho, que optará pelo que for mais fácil, não necessariamente o melhor caminho ou comportamento. Quanto menor o filho, mais sensível é ao que os pais lhe fazem. Diante de um adolescente, teoricamente mais amadurecido, os pais até podem discordar, mas é importante que cheguem a um consenso. E, uma vez tomada a decisão, todos têm de cumpri-la: o durão, o molinho e o filhão. Quem falha tem de arcar com as conseqüências previamente combinadas.

2. Quando se estabelece a indisciplina, a responsabilidade pode ser apenas de um dos pais?

Resposta: Sim. Quando a indisciplinada é a figura dominante, seja pai, seja mãe. Em geral a casa gira em torno dessa figura, que impõe seu modo de ser. Normalmente o indisciplinado é um folgado, portanto não vai querer perder essa folga. Isso significa que o sufocado deve se manifestar e iniciar o movimento de mudança para libertação desse sufoco.

3. Às vezes meu marido é arbitrário ao castigar as crianças. A escolha depende mais de seu estado de humor que de razões educativas. Sei que não é correto a mãe desautorizar o pai, mas será correto silenciar e apoiar uma situação injusta, que vai contra meus princípios?

Resposta: Não é correto nem ético calar-se perante injustiças. É menos mau enfrentar o marido num castigo injusto que permitir a arbitrariedade, mesmo que com isso corra o risco de desautorizá-lo. Se o marido achar que perde autoridade com esse enfrentamento, é porque pensava que tinha o que já não vinha mais tendo. O que educa é fazer o filho arcar com as conseqüências de seus atos, mesmo tardiamente. O que difere a conseqüência do castigo é a íntima relação que ela tem com o gesto praticado, pois tem sentido educativo.

4. Meu marido trabalha muito, fica pouco em casa e, nesse pouco tempo, vive criticando minha maneira de educar as crianças, na frente delas. Como fazer com que ele perceba que além de não ajudar está atrapalhando?

Resposta: Não adianta dar indiretas na esperança de que o marido perceba. É preciso ser mais direta e assertiva, falando firme e em bom tom, incluindo-o também no sistema educativo: "Em vez de criticar por que não ajuda?" As crianças precisam também de pai. O pai que assim age não quer correr o risco de não ser atendido pelos filhos. É um rei sem trono. É o pai machista "choramingando" para que a esposa (como se fosse sua mãe) vá tirar satisfações e revidar os maus-tratos recebidos dos próprios filhos.

5. Como conseguir maior participação do homem nas tarefas da casa e nos cuidados com as crianças? Já percebi que esperar iniciativa é perda de tempo. Ele não se toca.

Resposta: Uma família ideal funciona como um time de futebol. O time vencedor é aquele em que todos os jogadores se unem para atacar e fazer o gol no adversário e para defender o próprio gol. No ataque, os melhores atacantes; na defesa, os defensores. Um defensor no ataque e vice-versa geralmente não é a melhor tática. No time familiar é importante que cada membro encontre sua melhor, ou menos pior, posição em busca da excelência da qualidade de vida.

Muitas mulheres acabam sobrecarregadas, pois elas mesmas se propõem a fazer tudo: trabalhar fora, cuidar da casa, olhar a lição e zelar pela educação dos filhos e também pelo bem-estar do marido, como se fosse um "filho temporão mais velho". Essa é uma forma de onipotência feminina que deseduca os homens, pois eles acabam se tornando folgados. Embaixo de todos eles está a mãe sufocada. Educar é delegar responsabilidades e cobrar resultados, que devem ser obtidos com ética, atribuindo-se pequenas tarefas a todos. Essa atribuição deve ter o significado de que "se a pessoa não fizer, ninguém fará". Por isso é melhor escolher algo que não seja essencial para a família, mas seja superimportante para o marido. Caso ele não faça, o maior prejuízo tem de ser dele mesmo. O que a mãe não deve é toda vez assumir e fazer pelo marido ou pelos filhos. Depois, não adianta ficar reclamando. Quando reclama, mesmo com razão, passa a ser a chata. Em vez de fazer reclamando, realmente é melhor *não fazer!* Não perca as esperanças. Uma hora ele começará a fazer...

6. Minha mulher reclama de que ajudo pouco com as crianças. Mas, toda vez que faço alguma coisa, ela sempre diz que está errado. Como sair dessa?

Resposta: Há mães que pensam que realmente sabem de tudo, principalmente sobre o filho. São a "mamãe sabe-tudo". Quando algo não sai ao gosto delas, logo criticam e completam: "Deixe que eu faço. Não dá mesmo para deixar nada para vocês fazerem". Só falta dizer que todos são incompetentes. Elas sempre sabem mais que o próprio filho o que é bom para ele, do que ele gosta e até como fazer. Não aceitam nenhuma iniciativa de outros familiares. Quando contrariadas, gritam e agridem. Reclamam que tudo é com elas, que o pai não faz nada. Posam de vítimas, mas fazem questão de que tudo seja do jeito delas, no famoso *my way*, que pode ser facilmente entendido como "mãe *way*". Se você, marido, quiser mudar, é preciso que pare de se recolher com as reclamações dela, aprenda o melhor possível e capriche no que está fazendo. Faça o que você sabe longe dela para que ela encontre *bem-feito*. Não tente impor o "para mim está bom assim". Quando você capricha, sua mulher relaxa.

7. Minha filha de 1 ano e 2 meses dá um tapa no rosto de todos que a contrariam. O que fazer para mudar esse comportamento?

Resposta: Pegue bem firme no pulso dela, contendo o tapa. Olhe fixamente em seus olhos e fale séria, clara e pausadamente: "Pare com isso!", enquanto dá umas pequenas sacudidas no pulso dela. Repita esse procedimento quantas vezes ela repetir os tapas. O que não vale é achar graça e tolerar a atitude da criança, por compreendê-la ou por não querer traumatizá-la, e nada fazer para que melhore. Mesmo que a compreenda, nada justifica o tapa, que é a violência que ela conhece. Independentemente do motivo do tapa, se é uma ação ou reação, ela precisa aprender a se controlar. Os pais têm de demonstrar claramente que reprovam tal atitude.

Basta os pais se lembrarem de que ela, quando não engatinhava e começou a querer pegar o que lhe interessava, acabava batendo, pois ainda não tinha desenvolvido essa habilidade. Quando começou a querer pegar no rosto da mãe, também mais batia que acariciava, e todos em volta soltavam um "oooh" cheio de ternura. É preciso ensinar, quando a criança já consegue fazer carinho, que a mãe gosta mais de ser acariciada que de tapa.

8. Minha garotinha de 18 meses não pára quieta. Será que é hiperativa?

Resposta: Nem toda criança agitada é hiperativa. A criança pequena descobre o mundo experimentando, mexendo, tocando. Essa é uma fase de seu desenvolvimento. É o momento em que os pais devem começar a impor limites e dizer "não", mas ao mesmo tempo ser tolerantes no que for possível para permitir que a criança explore o mundo. O diagnóstico de hiperatividade é considerado quando a criança não só é agitada mas também impaciente e não consegue permanecer por muito tempo na mesma atividade (brincando com o mesmo brinquedo ou vendo um programa de TV, por exemplo). A agitação e a impaciência interferem em suas atividades diárias, como nas refeições e nas trocas de roupa. Outra característica da criança hiperativa é dormir pouco, podendo acordar diversas vezes durante a noite. Observe sua filha e note se, além da agitação, ela apresenta mais características da hiperatividade. Se esse for o caso, procure um profissional que possa confirmar o diagnóstico e indicar um tratamento.

Vale ainda ressaltar que esse quadro aparece com mais freqüência em meninos que em meninas e há um componente genético, sendo comum encontrar quadros semelhantes em parentes próximos. Tudo indica que a hiperatividade esteja relacionada a uma disfunção bioquímica cerebral. Por essa razão, seria fundamental fazer uma avaliação neurológica. Além disso, há fatores emocionais que podem agravar o caso.

A hiperatividade que não é tratada pode interferir não só no rendimento escolar mas também no relacionamento familiar, escolar e social. É comum que a hiperatividade venha associada à desatenção. Nesse caso o diagnóstico será de déficit de atenção e distúrbio de hiperatividade (DADH). O déficit de atenção é mais facilmente observado quando a criança entra na escola. O tratamento desses casos costuma envolver medicamentos. É importante que, além do acompanhamento psicológico e psicopedagógico, seja feita uma orientação familiar.

9. Meu menino de 1 ano e 10 meses tem dado um trabalho danado. É muito agressivo e agitado. Quase não dorme. E morde as babás. Não pára uma no emprego. Não sei mais o que fazer.

Resposta: Pelo seu relato, parece que a agitação de seu filho excede o normal. Somando isso à falta de sono e à agressividade, podemos levantar a hipótese de hiperatividade.

O quadro de hiperatividade pode se manifestar muito cedo, principalmente através de agitação, sono intranqüilo ou insuficiente, choro fácil e intensa movimentação. Nem sempre a agressividade faz parte do quadro. Em geral, a criança é muito impulsiva, mexe-se sem parar e apresenta uma agitação motora que a torna mais estabanada que as outras. Sendo assim, ela acaba quebrando mais as coisas e se machucando mais, mas isso não implica agressividade. É importante que você observe o comportamento que tem chamado de agressivo. Quanto ao fato de morder as babás, é preciso avaliar se não é dificuldade de impor limites ao seu filho. A maioria das crianças passa por uma fase na qual quer morder tudo, e nesse momento é necessário que os pais imponham limites e expliquem ao filho que não se deve morder as pessoas.

De qualquer maneira, vale destacar que há casos em que a agressividade faz parte do quadro de hiperatividade. Há crianças hiperativas que apresentam também problemas comportamentais, sendo mais desafiadoras, mais difíceis de obedecer a limites, explosivas e agressivas.

É preciso levar seu filho a um profissional que possa fazer o diagnóstico correto. Se o caso dele for o citado acima, é fundamental que receba atendimento correto e seja medicado se necessário. Uma das medidas mais importantes é a boa orientação tanto dos pais quanto da escola (caso já a freqüente), pois o diagnóstico de hiperatividade, mesmo quando inclui agressividade, não pode servir de desculpa para que certos comportamentos sejam tolerados.

10. Quando recebo visitas com crianças em casa, meu filho de 2 anos se recusa a emprestar os brinquedos dele. Tenho medo de que se torne uma criança egoísta.

Resposta: Quando a criança ainda é pequena, esse é um comportamento normal, principalmente se ela não tem irmãos. Faz parte do desenvolvimento essa fase em que ainda não há noção de egoísmo e altruísmo. São os adultos que, aos poucos, ensinarão à criança que não há problema em emprestar seus brinquedos. Inicialmente, é mais fácil que ela treine emprestando os brinquedos para a mãe e para o pai. Assim vai notando que eles ficam com o outro e depois voltam para ela. Essa fase passa naturalmente à medida que a criança se desenvolve.

11. Meu filho de 3 anos não quer ir à escola. Diz que não gosta da professora, que tem dor de barriga... Não sei como agir.

Resposta: Aos 3 anos é comum que as crianças não queiram ir à escola. Para elas, ficar com os pais em casa é mais seguro que ir à escola desconhecida, cheia de estranhos. Os adultos sabem que isso é bom e importante para a criança, mas é preciso que ela própria também saiba. Deixe que seu filho conheça primeiro a escola, observe o ambiente, as crianças brincando e as professoras circulando. Quando chegar o dia de ficar lá, os pais deverão ser pacientes para permitir que o filho se adapte com tranqüilidade. O mais indicado é que a mãe ou o pai fique na escola, numa salinha, para que os filhos possam recorrer a ela(e) ao se sentir inseguros. Passados uns dias, os pais já permanecem menos tempo, e assim progressivamente até que o filho possa ficar sozinho na escola. Qualquer sinal de insegurança ou ansiedade dos pais é logo percebido pelo filho, que entenderá que a escola não é um lugar seguro para ele. Mas, se a dificuldade permanece, é preciso ir à escola para avaliar se há algo que esteja alimentando o problema. Em último caso pode-se pedir ajuda a um profissional.

12. Digo "não" e meu filho de 4 anos não me obedece. O que devo fazer para que ele me atenda?

Resposta: Vamos por partes. Primeiro: avalie a proibição – é essencial ou supérflua? Segundo: analise quem proíbe – por que o faz? Qual é o objetivo imediato e a longo prazo? Terceiro: observe o desobediente quanto ao perfil pessoal relacionado à obediência – qual é a importância do que está fazendo?

Respondidas todas essas questões, se a conclusão final for pela proibição, é preciso ser firme no "não" para o que não pode ser feito e complementar com um "sim" para o que ele pode fazer. Esperar que a criança fique sentadinha, quietinha, sem fazer nada, é doce ilusão, a eterna esperança de muitos pais... Um exemplo prático talvez ajude a entender melhor como agir nesse caso.

Numa fila da caixa de um supermercado, um menino de 4 anos subia na proteção e punha a cabeça acima do balcão para espiar alguma coisa que a funcionária estava vendo: a tela que mostrava a compra. Duas mulheres acompanhavam a criança. A de trás simplesmente ordenou: "Desça já daí!", com expressão brava.

O menino fez que nem ouviu, o que seria impossível, pois até eu, de susto, quase larguei minhas compras. Ele continuou lá, agora na ponta dos pés sobre a grade, quase caindo sobre a funcionária. Depois de um tempo que me pareceu um século, a outra mulher, que estava mais perto, perguntou: "O que você está olhando? Ah! A telinha? O que está nesta telinha está também naquela outra, que é para nós olharmos, porque esta é para ela olhar". Então o menino descobriu a outra tela. Foi para o colo dessa mulher e acompanhou atentamente a chegada das letrinhas na tela.

A primeira mulher simplesmente queria que o menino descesse, sem saber o motivo do seu interesse. Era uma proibição para protegê-lo de uma possível queda e dos ferimentos. E não levou em conta seu foco de atenção. A ordem foi ignorada e tudo ficou como se não houvesse proibição. Essa é a melhor maneira de a criança perder o respeito pela mãe e de ela perder a autoridade inerente à função de mãe. A falta de conseqüência educa a criança a não obedecer mais a nenhuma ordem porque ela sabe que nada vai lhe acontecer.

A segunda mulher procurou saber a motivação do menino em se colocar naquela posição "arriscada". Quando a descobriu, ajudou a encontrar a solução. Não há criança que não se interesse por telas e letrinhas. O normal nessa idade é ser curioso. Anormal seria apanhar por essa "desobediência" e ficar chorando no colo de quem bateu nela.

13. Meu filho de 4 anos e meio aprendeu a cuspir e arrotar, entre outros péssimos hábitos. Como fazer com que entenda que isso não é educado?

Resposta: Para quem ainda não desenvolveu censuras sociais, é prazeroso o ato de esvaziar seu corpo: urinar, defecar, soltar puns, arrotar, cuspir etc. Tão prazeroso quanto chamar a atenção dos outros para provocar neles diferentes reações.

O importante é explicar que o que não serve mais ao corpo dele também não serve aos outros. Educação é eliminar adequadamente o que não serve ao mesmo tempo que se protegem os outros. Ainda que seja muito pequena, a criança já pode entender que as fezes são restos pastosos alimentares, a urina é resto líquido e todos os outros "ares" são restos gasosos. Não se evacua no tapete da casa e na frente das visitas, e sim no peniquinho ou no vaso sanitário.

Há crianças que sentem prazer em ter péssimos (para os adultos) hábitos, principalmente quando perturbam os pais, porque o prazer da eliminação é reforçado pela graça que os outros acham.

Quando agem assim, a educação tem de ser ativa: "Arrotar pode, mas não aqui, assim como não se defeca na mesa".

14. Com 5 anos, meu filho é um amor na escola e um tirano em casa. O que fazer para mudar isso?

Resposta: Esse é o mecanismo "gangorra" (quando um sobe, outro desce). A submissão dos pais bem como a aceitação de tudo o que o filho faz o tornam um tirano. Nesse mecanismo, a inadequação aparece onde é aceita. Se os pais forem tiranos e submeterem o filho em tudo, ele aprenderá como ser tirano. Essa tirania vai surgir no momento em que sentir que os outros se submetem, isto é, ao sentir que ela vai ser complementada. O filho pode estar formando dentro de si dois papéis complementares: tirano-submisso. Quando a gangorra sobe, surge o papel de tirano; quando desce, é o de submisso que aparece.

O caminho mais eficiente é fazê-lo entender quando está submetido, portanto sofrendo. Qualquer ser humano quer se livrar do sofrimento. Quando o filho perceber o que é ser submisso, poderá compreender aquele que ele está tiranizando. Quem não sai do papel de tirano raramente tem condições psicológicas de compartilhar o sofrimento do submisso.

15. Um amiguinho da escola vive batendo no meu filho de 6 anos. Meu marido incentiva o menino a revidar. Eu não gosto de violência, mas também não quero que meu filho vire saco de pancada. O que devo fazer?

Resposta: Somente um ingênuo diz que bateu primeiro para depois apanhar do outro. Os filhos geralmente contam que apanharam, mas raramente relatam o que fizeram antes. Portanto é bom procurar saber toda a verdade ouvindo também outras pessoas, e não simplesmente tomar o partido do filho sempre. Se a situação persistir, é preciso levá-la ao conhecimento da escola. Há pais que aconselham o filho a revidar. Esse gesto perpetua a violência, sem contar a possibilidade de o agressor ser muito mais forte ou muito mais fraco que o filho. Quando nada se consegue com a escola, um recurso eficiente é que o pai ou a mãe falem pessoalmente com o orientador e, se for o caso, o acompanhem na conversa com o "amiguinho": "Você tem que parar com isso porque eu (mãe ou pai) não aceito nem a escola aprova o que você está fazendo", arrematando: "Já estou começando a me irritar com isso". Deve-se falar com voz clara e firme, fitando a criança nos olhos. Talvez nem os próprios pais saibam o que tal "amiguinho" está "aprontando" na escola.

16. Meu filho sempre quer um brinquedo novo. Chego em casa e ele vai logo dizendo: "Tem surpresa?" Se respondo que não, ele faz birra. É um inferno. Até que eu prometa: "Amanhã eu trago".

Resposta: Nenhuma criança destrói um brinquedo por dia. E, se faz isso, há algo errado. Normalmente, os brinquedos duram muito e não devem ser substituídos se continuam interessando à criança. Seu filho está saciando a vontade de ganhar presente. É um comportamento estilo animal. Ele não está aprendendo a usufruir o que ganha, isto é, sentir o saudável prazer de brincar. No afã de agradá-lo, você criou nele o vício de ganhar presentes. É uma criança infeliz. A saciedade passa logo e vem a fome de ganhar brinquedo. O que você dá é alegria momentânea e passageira, mas ele não está desenvolvendo a felicidade. Nem os pais nem ninguém podem dar felicidade ao filho. Alegria de ganhar não é felicidade, pois ele fica infeliz quando não está ganhando. Isso é muito semelhante ao prazer de usar drogas. O usuário pode sentir prazer na hora do uso, mas não é felicidade, pois quando acabam os efeitos ele não é feliz.

Vale a pena relacionar presentes a datas importantes como Natal, aniversário e Dia das Crianças. Quem não sabe esperar torna-se tirano e vítima do próprio imediatismo.

Os pais ajudam a confundir a alegria transitória do presente com a felicidade de ser de um bom filho. Assim o filho também passa a valorizar os pais somente quando dão presentes... O pior de tudo é que os pais perderam os referenciais de se fazer valer pelo que são, e não pelo que têm ou podem dar.

17. Como agir quando a criança não respeita o castigo? Ou, usando a terminologia do seu livro, a conseqüência determinada para seus atos?

Resposta: Essa é uma pergunta bastante freqüente em minhas palestras. Suponho que o castigo possa dar resultados somente depois de utilizados todos os recursos das conseqüências. Repetindo: castigo não educa; o que educa é assumir as conseqüências do que se fez. A ineficiência dos castigos ocorre principalmente porque os pais acabam não cumprindo o prometido, transformando-o em advertência ("Esta é a última vez que..."; "Na próxima vez, você vai ver o que vai lhe acontecer..."), e o filho não vê nada, pois nada acontece.

O sentimento de culpa dos pais os torna tolerantes, e o filho conta com essa tolerância, que pode demorar para surgir, mas sempre aparece. Os excessos de castigo e rigidez também são prejudiciais, pois fazem com que o filho pense: "Como não tenho mais o que perder (ou já que perdi tudo), vou continuar aprontando".

Ganhar de volta o que lhe foi tirado sem justificativas faz com que o filho aprenda que o que saiu volta. É só uma questão de tempo.

18. Minha filha de 8 anos cismou de usar minhas coisas. Quando vamos sair, troca de roupa um monte de vezes — nenhuma das roupas dela parece boa. E de repente aparece vestindo uma blusa grande, minha. Esse confronto está sendo desgastante para nós duas. Não sei como agir.

Resposta: Se você, mãe, pensar que é um confronto, podem surgir competição, rivalidade e briga, pois nenhuma das duas vai querer "fugir à luta".

Com 8 anos, as meninas entram na puberdade, ainda sem modificações corporais evidentes. Mas os hormônios começam a funcionar, agindo sobre o comportamento. No relacionamento com a mãe, ela sente admiração, inveja, ciúme, crítica, rivalidade... Cabe à mãe ser tolerante, paciente, falar (e não gritar) muito, explicar várias vezes as mesmas coisas e, particularmente, compreender que a própria filha não está se entendendo. É uma fase importante para complementar a formação da auto-estima da menina. A mãe nunca deve dizer que a filha é desengonçada, que nada lhe fica bem, que ela não tem jeito mesmo etc. Vestir roupas diferentes é uma procura de referências externas, já que as internas estão bagunçadas. Você deve dizer que tudo isso é transitório e que logo o corpo dela vai ficar como ela quer.

19. O que devo fazer se discordo da maneira como meu marido trata os filhos do meu primeiro casamento?

Resposta: Pense maior do que como mãe. Como a mulher em geral é mais mãe do que fêmea, e o homem, mais macho do que pai, talvez você queira proteger mais seus filhos, e ele, por sua vez, queira mais você que seus filhos. As mães toleram muitas "delinqüenciazinhas" dos filhos do primeiro casamento, mas seus companheiros não. Geralmente os filhos se aproveitam dessas condições e exploram a mãe, revoltando o novo companheiro. Isto não afasta a possibilidade de que seu novo marido realmente rejeite os filhos de seu primeiro casamento. Se assim for, peça ajuda a um profissional, mas antes veja se aqueles meio-filhos do casal já disseram "você não é meu pai para..." à menor contrariedade. Com essa frase, eles estão desautorizando o novo homem da casa.

20. Divorciada, fiquei sozinha com os filhos. Como posso ser pai e mãe?

Resposta: Não precisa ser pai e mãe. Ser mãe já está bom demais. Não precisa ser homem para ter autoridade. Trabalhar é necessário para o sustento da família. E os filhos podem contribuir nos afazeres de casa: nada de ficar esperando a mãe chegar para fazer as lições, preparar a janta ou arrumar o quarto e a casa.

"Pãe" — a mãe que assume a dupla função de pai e de mãe pela falta do outro — paga um preço alto: sofre de irritabilidade, estresse, depressão, pânico, fobias, cansaço extremo, enxaqueca, interferência na libido, perde a sensualidade e ainda por cima é vítima de discriminação profissional e salarial. Quer tanto assumir o papel do outro que tem até infarto, doença que era "privilégio" masculino. O corpo chora o que a mente não consegue resolver.

Você deve se dar por feliz por fazer bem a sua parte. Por melhor que faça, não pode suprir a falta do pai, mesmo que ele tenha sido ruim. Ninguém pode substituir ninguém. Você pode ser até melhor que ele, mas substituí-lo, jamais. Então os filhos precisam saber que não podem contar com o pai, têm de cooperar muito mais nas tarefas de mãe e, melhor ainda, assumir o que é função deles. Quando eles tomam conta de si mesmos, aprendem a cuidar também da mãe. Assim todos serão mais unidos e terão oportunidades melhores de superar os problemas que podem surgir.

21. Sei que ser mãe é "padecer no paraíso", mas vivo tão sobrecarregada que às vezes penso em fugir de casa. Como reduzir essa sobrecarga?

Resposta: Em outras épocas, o homem, fisicamente mais forte, caçava e a mulher preparava a caça para os filhos comerem. Assim começou o machismo, pois a mulher, mais fraca, ficava "tomando conta" das crianças, e a caça é que garantia a sobrevivência. Hoje a sobrevivência não mais depende de força física, e sim da capacitação, do conhecimento, de saber usar um teclado em vez de brandir armas. Assim, tanto faz ser homem ou mulher, ambos podem caçar e cozinhar.

Para reduzir a sobrecarga, é importante abrir mão da oni-potência. Em vez de sentir-se culpada pelo que não fez, sinta-se vitoriosa pelo que fez. Dê-se respeito, admiração e dignidade como mulher e reconhecimento por conseguir "matar onças", contribuindo com sua parte para a economia doméstica e a função social. Pare de tratar o marido como um filho temporão e eduque as crianças para que cada uma faça a sua parte e não sobrecarregue outros. Permita-se ir ao banheiro sossegada, sem ter de interromper tudo e sair correndo para atender aos filhos, que efetivamente podem esperar ou, o que é melhor, resolver por eles mesmos sem ter de chamá-la.

Se a casa é para o repouso do guerreiro, você, que também é uma guerreira, merece tal repouso. Quem sabe, começando a cuidar de si própria, os outros aprendam a cuidar de você, e assim consiga sentir prazer em voltar para casa e tranqüilidade para ficar.

22. Toda vez que meu filho volta do fim de semana na casa do pai é um problema. Ele quer ficar vendo TV até tarde e comer porcarias fora de hora, tudo o que o pai permite e eu não.

Resposta: Quando casais separados ainda continuam brigando, o pai pode agredir a mãe através desse comportamento com os "filhos dela". Mas nem sempre é assim. Há pais que, mais por ser desligados que por comodidade, deixam os filhos fazer tudo porque "educar dá trabalho" ou pensam que "educar é função da mãe". Outros ficam tão pouco tempo com os filhos que não querem contrariá-los. Há ainda os que não têm limites nem consigo próprios, então como cobrar disciplina dos filhos?

Se você refletir um pouco, vai perceber que nem como marido ele lhe serviu. Preferiram separar-se. Pensa que ele vai mudar alguma coisa só porque você está pedindo? Perca as esperanças. Ele só vai mudar quando começar a sentir os prejuízos educacionais de seus atos.

Assim como há o dia livre para comer qualquer coisa, que chamei de "dia da porcaria", e o dia em que os filhos ficam com os avós que quebram todas as regras, o "dia dos avós", você pode estabelecer o "dia do pai-sem-regras". Nesses dias os critérios da mãe não valem, mas em todos os outros os filhos têm de cumprir o que você determinar. Devem fazer as tarefas escolares quando voltarem da casa do pai ou na segunda-feira, já que o "o dia do pai-sem-regras" as atrapalhou.

23. Como estabelecer regras e limites para os filhos sem sentir culpa por estar roubando a liberdade deles?

Resposta: As regras, assim como a disciplina, devem melhorar a convivência e a qualidade de vida de todos, portanto deve ser evitado todo comportamento que possa prejudicar, ferir ou magoar alguém, mesmo que sejam os próprios pais tolerantes. Porém somente a proibição não educa. Ela precisa ser completada com uma ação que seja boa para todos ou, no mínimo, não prejudique ninguém. Assim os filhos não são somente tolhidos, mas também educados.

A liberdade traz implícita a responsabilidade. É muito prejudicial tolher a liberdade saudável de quem realmente a conhece. Mas colocar limites nos desejos instintivos é educar. A educação saudável é um dos melhores ingredientes da felicidade.

Quanto menores forem os filhos, mais têm de aprender e desenvolver essa liberdade. Enquanto não aprendem, eles vão simplesmente fazendo o que têm vontade e não estão pensando no que é liberdade. Tolher vontades inadequadas faz parte da boa educação, que visa à saúde social.

24. Existe o receio de criar filhos inibidos e sem iniciativa por excesso de disciplina. Como os pais percebem se estão passando ou não da conta?

Resposta: A diferença entre repressão e disciplina está em seu resultado evolutivo. Ser liberal demais cria folgados e ser exigente demais estimula sufocados. O estabelecimento da disciplina com limites adequados, para não sufocar o filho nem tampouco torná-lo irresponsável, é abordado em meu livro *Disciplina, limite na medida certa*, da Editora Gente. Essa medida varia conforme a capacidade de compreensão e execução de cada filho. O que favorece o amadurecimento não é a exigência, mas o estímulo que alimenta a auto-estima através da realização do que se é capaz de fazer.

Quando o método é mais forte que a vontade saudável do filho de querer fazer algo, significa que a medida certa foi ultrapassada. O metódico é prisioneiro de seus métodos. Acaba não fazendo até o que é necessário, transmitindo a idéia de que é inibido e até mesmo sem iniciativa. Internamente, ele está sofrendo, pois não se põe a fazer porque acha que não vai conseguir chegar à perfeição. Geralmente o metódico é um "entupido" que sofre de dentro para fora, enquanto o "sem limites" é um "diarréico" de atos e faz os outros à sua volta sofrer. O saudável tem recursos interiores suficientes para encontrar maneiras diferentes de se adequar a situações inusitadas. O "entupido" pode ser resultante de uma educação fortemente repressiva. O filho aprendeu que, além de os desejos dos outros serem mais importantes que os próprios, o erro é mais importante que a tentativa de acertar e, o que é pior, a perfeição é absoluta, isto é, o bem-feito não serve para ela.

25. Como ensinar uma criança a ser feliz?

Resposta: Os pais podem dar alegria, brinquedos e guloseimas aos filhos, mas não lhes podem dar felicidade. Quando ganhar o presente é mais importante que brincar com ele, esse é um sinal de que o filho privilegia a alegria de ganhar, que é passageira. Quando não ganha o próximo brinquedo que deseja, ele fica triste e faz birra. Isso demonstra que não é feliz. A alegria é passageira. O que está sendo construído é muito mais o "ter" do que o "ser" como componente da personalidade.

A felicidade é uma construção interior que suporta bem a frustração. Bons alimentos da auto-estima são: valorizar afetivamente e agradecer o presente recebido; não se empanturrar com guloseimas; realizar o que é capaz de fazer e ter vontade de aprender o que não sabe; retribuir o abraço recebido; devolver o brinquedo emprestado; cuidar de um animal de estimação mesmo que não seja seu; ter paciência com a vovó; ajudar a mãe e o pai no que precisarem etc. Quem tem auto-estima elevada tem mais autoconfiança e resiste muito mais que os "parafusos de geléia" às frustrações e contrariedades, compromete-se com objetivos e compartilha os sentimentos alheios.

Uma criança que aprende a usufruir o prazer de brincar com o que ganhou valoriza o presente e o preserva, além de se divertir ao máximo. Se ainda está na fase do conhecimento do brinquedo e já ganha outro, a sensação de prazer passa para o ato de ganhar. Então ela pode começar a sentir falta de ganhar, e daí surge a sua infelicidade.

A base da felicidade é a auto-estima. O bom alimento entra na constituição saudável do corpo, assim como o afeto e os cuidados básicos entram na essência da psique. Tudo que o bebê recebe se transforma em auto-estima essencial. Para dar um excelente alimento, siga os cinco passos do atendimento integral (pare, escute, olhe, pense e aja). A segunda parte da auto-estima, a fundamental, será alimentada pela qualidade e pela conseqüência das realizações.

26. É certo criar nas crianças o medo de estranhos, de ser roubado, assaltado e seqüestrado? Não estarão "perdendo" a infância?

Resposta: Os critérios de "viver a infância" sofrem alterações através dos tempos. Hoje vivemos a realidade da internet, das escolinhas de bebês, dos shoppings para tudo (compras, comida, diversão), da violência das ruas e dos grandes centros urbanos sem espaços públicos para brincadeiras, e as crianças encontraram novas maneiras de viver a infância, que, sem dúvida, é muito diferente da que os pais viveram. Hoje as diversões são muito mais mentais e visuais que corporais, pois não há grandes espaços para correr... As crianças não conheceram nem viveram a infância dos pais, portanto não têm a sensação de estar perdendo a infância. Muitos pais saudosos, que não se globalizaram e têm até dificuldade de usar a internet, podem julgar que a infância deles foi mais feliz que a dos filhos. Entretanto, felicidade não se compara. As crianças são muito mais espertas do que os adultos pensam. Se aprenderem a ser felizes, elas poderão desfrutar sua infância tão bem quanto a geração passada. São os passos, com lucros e perdas, da evolução da civilização.

Assim como aprendem a viver num mundo globalizado, é preciso que aprendam também a viver num mundo violento. A criança deve aprender a viver em selvas de pedra e a enfrentar seus predadores. O trauma da violência pode ser muito maior para uma criança ingênua e despreparada que para uma criança que aprendeu a se comportar nessas situações.

27. Temos três filhos — uma de 14 anos, outro de 11 e a caçula de 7 anos. Por que a maior é tão tirana e os outros são tão meigos se demos tudo igual aos três? Que fazer?

Resposta: Apesar de serem três os filhos do casal, cada um deles age como filho único. A primeira, que foi filha única por três anos, teve muito ciúme dos irmãos que foram chegando, fazendo cenas, na frente dos irmãos menores, que desagradavam muito aos pais. Os menores cresceram vendo como não se deve fazer para desagradar aos pais: bastava não agir como a irmã ou fazer o contrário. A mais velha passou a ser referência negativa para os menores. É natural que as crianças queiram agradar aos pais. Assim tornou-se fácil agradá-los. Se uma é tão tirana e os outros são tão meigos, ambos estão em extremos opostos, mas provavelmente todos os filhos perderam a naturalidade.

Se diálogo e acordos não conseguiram diminuir tais comportamentos inadequados, pode ser que eles tenham outras causas que precisam ser também pesquisadas. Quando se focaliza um problema, parece que os outros diminuem de importância. É indicada uma consulta a um especialista porque, mesmo que o ciúme seja o único motivo, está escapando do controle de sua filha.

28. Já esgotei todos os recursos e meu filho continua me enfrentando. Devo dar-lhe uns "tapas pedagógicos"?

Resposta: Nunca se deve dar tapas no filho, mesmo que sejam pedagógicos. Essa afirmativa é decorrência da má compreensão do que afirmei em meu livro *Seja feliz, meu filho!* (Editora Gente), no item "Tapas pedagógicos", escrito em 1995.

Em sete anos, muitas mudanças aconteceram, e hoje as crianças estão violentas. Tapa é uma violência. Dar tapa em crianças violentas é incitá-las à briga, piorando a situação. O tapa é o primeiro degrau do espancamento. Violência e castigo não educam, mas perpetuam as inadequações. Se o agressor (pai ou mãe) é mais forte que o filho, o troco (o filho ficar mais forte que os pais e então agredi-los) é só uma questão de tempo.

Seja como for, ninguém chega até os últimos recursos, principalmente quando há envolvimento emocional. O tapa representa a perda da força da razão, do poder e da autoridade e a conseqüente apelação para a força física, a lei do mais forte.

Recomendo ler neste livro o item "Conseqüências no lugar de castigos", no capítulo 4, "Situações críticas", da Parte 2.

29. Já fiz tudo o que o senhor disse para não fazer. E agora? Dá para consertar? Posso manter a esperança?

Resposta: O ser humano tem capacidade de aprender com os erros e traçar um novo caminho à frente. Não há determinismo biológico que estabeleça totalmente o comportamento dos racionais. A caminhada pode ser corrigida.

O humano é um ser inteligente e criativo para resolver problemas e superar dificuldades. O próximo passo ainda não foi dado. A página seguinte ainda não foi escrita. Portanto podemos mudar a história. A mente humana supera qualquer tecnologia, ideologia ou regra. Portanto a esperança sempre existe.

Se um filho não estuda e só quer sair para fazer programas, é mais do que hora de os pais vincularem as saídas ao rendimento escolar. Sair ou não passa a ser conseqüência dos estudos, e não permissão ou proibição dos pais. Ele é o próprio responsável pelas saídas. Mas, para isso, é importante fazer um trato de comum acordo. "Tudo o que é combinado é barato", dizem os advogados. Quebrar o combinado é que traz prejuízos. Portanto, os pais devem estar seguros de que cumprirão a sua parte e exigir que o filho cumpra a dele. Quem não respeitar o trato já sabe quais serão as conseqüências.

Seu filho já é adolescente? Ainda há tempo. Ele ainda é capaz de mudar, como você também é. Basta querer e ir à luta.

Currículo do autor

Filiação: Yuki Tiba e Kikue Tiba.
Nascimento: 15 de março de 1941, em Tapiraí (SP).

1968	Formação: Faculdade de Medicina da Universidade de São Paulo.
1969-70	Médico residente no Departamento de Neuropsiquiatria do Hospital das Clínicas da Faculdade de Medicina da USP.
1971-77	Psiquiatra assistente no Departamento de Psiquiatria Infantil do Hospital das Clínicas da Faculdade de Medicina da USP.
1971-2004	Psicoterapeuta de adolescentes e suas famílias em clínica particular.
1977	Graduação: professor-supervisor de Psicodrama de Adolescentes pela Federação Brasileira de Psicodrama.
1977-78	Presidente da Federação Brasileira de Psicodrama.
1977-92	Professor-supervisor de Psicodrama de Adolescentes no Instituto Sedes Sapientiae.
1991-94	Coordenador do Grupo de Prevenção às Drogas do Colégio Bandeirantes.
1995-2004	Membro da Equipe Técnica da Associação Parceria Contra as Drogas.
1998-2006	Membro do Board of Directors da International Association of Group Psychotherapy.
2003-04	Conselheiro da Via de Acesso (Capacitação e Educação para o Trabalho).

Com mais de 73 mil atendimentos feitos em 36 anos de profissão, Içami Tiba criou a consultoria familiar para ajudar famílias em situações difíceis. Palestrante requisitado e autor consagrado, ele já proferiu mais de 3 mil palestras e seus quinze livros, em conjunto, superam a marca de um milhão de exemplares vendidos.

Livros publicados

- *Quem Ama, Educa!* (106ª ed., Ed. Gente, livro de autor nacional mais vendido em 2003, segundo a revista *Veja*).
- *Homem-Cobra, Mulher-Polvo – Entenda as Diferenças e Seja Muito Mais Feliz* (13ª ed., Ed. Gente).
- *Disciplina, Limite na Medida Certa* (59ª ed., Ed. Gente).
- *Anjos Caídos – Como Prevenir e Eliminar as Drogas na Vida do Adolescente* (27ª ed., Ed. Gente).
- *Seja Feliz, Meu Filho!* (19ª ed., Ed. Gente).
- *Adolescência – O Despertar do Sexo* (17ª ed., Ed. Gente).
- *Abaixo a Irritação! – Como Desarmar Essa Bomba-Relógio no Relacionamento Familiar* (15ª ed., Ed. Gente).
- *Ensinar Aprendendo – Como Superar os Desafios do Relacionamento Professor-Aluno em Tempos de Globalização* (16ª ed., Ed. Gente).
- *Sexo e Adolescência* (10ª ed., Ed. Ática).
- *Amor, Felicidade & Cia – Coletânea de Textos* (7ª ed., Ed. Gente).
- *O Executivo & Sua Família – O Sucesso dos Pais Não Garante a Felicidade dos Filhos* (7ª ed., Ed. Gente).
- *Puberdade e Adolescência (Desenvolvimento Biopsicossocial)* (6ª ed., Ed. Ágora).
- *Saiba Mais Sobre Maconha e Jovens* (5ª ed., Ed. Ágora).
- *123 Respostas Sobre Drogas* (3ª ed., 11ª impressão, Ed. Scipione).
- *Obrigado, minha esposa* (2ª ed., Ed. Gente).

**Série de doze vídeos educativos
(produzidos em parceria com a Loyola Multimídia)
PAPO ABERTO SOBRE...**

1. *Adolescência*
2. *Sexualidade na Adolescência*
3. *Drogas*
4. *Amizade*
5. *Violência*
6. *Educação na Infância*
7. *Relação Pais e Filhos*
8. *Disciplina e Educação*
9. *Ensinar e Aprender*
10. *Rebeldia e Onipotência Juvenil*
11. *Escolha Profissional e Capacitação para a Vida*
12. *Integração e Alfabetização Relacional.*